www.tredition.de

AF217617

Ann-Cathrin Schalla

Ansätze zur Gestaltung eines Systemischen Bewerbermanagements

www.tredition.de

© 2021 Ann-Cathrin Schalla

Verlag und Druck:
tredition GmbH, Halenreie 40-44, 22359 Hamburg

ISBN
Paperback: 978-3-347-25549-4
Hardcover: 978-3-347-25550-0
e-Book: 978-3-347-25551-7

Vorwort 08

Abkürzungsverzeichnis 09

Abbildungsverzeichnis 10

1   Einleitung 11

2   Die aktuelle Situation im Bewerbermanagement 13
2.1 Formale Voraussetzungen für Personalplanung und - beschaffung 133
2.2 Interne versus externe Personalbeschaffung 144
2.3 Die Mitwirkung des Betriebsrates bei einer Tätigkeitsbeschreibung 155
2.4 Von der Tätigkeitsbeschreibung zur Stellenbeschreibung 155
2.5 Der Auswahlprozess innerhalb des Bewerbermanagements 166
2.6 Motivation für die Einführung eines systemischen Bewerbermanagements 188

3   Systemische Grundlagen 200
3.1 Was ist Systemik? 200
3.2 Die Abgrenzung autopoietischer Systeme 211
3.3 Wirkungsbeziehungen zwischen Systemen 222
3.4 Realität versus operationale Schließung 233
3.5 Auswirkung von Irritation und Instruktion – unter Berücksichtigung struktureller Kopplung 244
3.6 Die Bedeutung von Indication und Distinction 266
3.7 Besonderheiten des systemischen Denkens 27

4   Überlegungen zur Konzeption eines systemischen Bewerbermanagements 29
4.1 Die Bedeutung von Sinnhaftigkeit am Arbeitsplatz 29
4.2 Berücksichtigung der Sinndimensionen im Rahmen von Gesprächen 322
4.3 Wie interagieren und kommunizieren soziale Systeme? 36
4.4 Das Problem der doppelten Kontingenz 37
4.5 Koppelung einzelner Akteure sowie mögliche Konflikte und deren Vermeidung 39

4.6   Die Berücksichtigung von Bewerberkompetenzen 42

5   Die Auswirkungen systemischer Einflüsse auf den Bewerberprozess.. 455

5.1   Erforderliche Veränderungen der Selbstwahrnehmung des Recruiters...45

5.2   Systemisch bedingte organisatorische sowie personelle Voraussetzungen 48

5.3   Die Veränderung der internen und externen Stellenausschreibung...500

5.4   Auswirkungen der systemischen Sprache und der systemischen Fragestellung 544

5.5   Wie verändert sich das Bewerbungsgespräch unter einer systemischen Herangehensweise?..............................600

5.6   Kann es ein systemisches Assessment-Center geben?...........622

5.7   Veränderung von Bewerber-Beurteilungen durch die systemisch geprägte Kommunikation................................64

5.8   Reflexion der Führungskraft zur Integration von neuen Mitarbeitern 66

5.9   Wie kann der Einstieg in ein Team gelingen?.......................73

5.10   Kommunikation und Interaktion in der Gruppe des neuen Mitarbeiters...75

5.11   Entwicklung einer leistungsfähigen Gruppendynamik............77

6   Schwerpunkte und Ergebnisse 80

6.1   Klassisches Bewerbermanagement versus systemisches Bewerbermanagement..82

6.2   Ausblicke..84

Literaturverzeichnis 88

Anhang.. 95

Ansätze zur Gestaltung eines Systemischen Bewerbermanagements

Vorwort

Die Autorin möchte an dieser Stelle darauf hinweisen, dass die Gleichbehandlung der Geschlechter sprachlich und auch schriftlich einen sehr wichtigen Punkt einnimmt. Für die vereinfachte Lesbarkeit wird trotzdem nur die männliche Form verwendet. Es wird ausdrücklich darauf hingewiesen, dass trotzdem alle Geschlechter angesprochen und gemeint sind.

Des Weiteren muss darauf hingewiesen werden, dass sowohl die Thematik des Bewerbermanagements als auch die der Personalbeschaffung als separate Gebiete schon alleine äußerst komplex und weitreichend sind und dieses Buch auf die damit verbundenen theoretischen Grundlagen somit nur ansatzweise eingehen kann.

Abkürzungsverzeichnis

AC	= Assessment Center
BetrVG	= Betriebsverfassungsgesetz
BR	= Betriebsrat
BV	= Betriebsvereinbarung
griech.	= griechisch, griechische Übersetzung
KBM	= Klassisches Bewerbermanagement
KMU	= Klein- und mittelständische Unternehmen
lat.	= lateinisch, lateinische Übersetzung
SBM	= Systemisches Bewerbermanagement
TV	= Tarifvertrag

Abbildungsverzeichnis

Abb. 1:   Klassisches Bewerbungsmanagement............................83

Abb. 2:   Systemisches Bewerbungsmanagement 84

Abb. 3:   Ernüchterndes Anschreiben 95

Abb. 4:   Gutes Anschreiben 96

Abb. 5:   Raven's Standard Progressive Matrices........................97

Abb. 6:   Renteneintrittsalter..98

Abb. 7:   PAFS-Kompetenz-Methode 99

Abb. 8:   Containerdenken MS Napoli.......................................100

Abb. 9:   Containerdenken MS Napoli - Container öffnen...........100

Abb. 10:   Punktevergabesystem ERA-Entgeltabkommen

PfalzMetall 101

Abb. 11:   Bewertungsbogen EMERSON - ASCO Numatics............102

Abb. 12:   Situatives Führen 103

Abb. 13:   Gruppenfunktionen & Gruppendynamiken 104

1 Einleitung

„Den einen Richtigen finden!" Nicht nur für Heiratswillige stellt dies eine Herausforderung dar, gerade Personalverantwortliche sehen sich täglich damit konfrontiert, den einen Richtigen für ihr Unternehmen und für das entsprechende Team zu finden.

Laut Statistischem Bundesamt gab es im Jahr 2016 32.009.000 sozial-versicherungs-pflichtige Beschäftigte (Stand 09/2016) und 2.473.000 Arbeitslose (Stand 06/2017).[1] Es zeigt sich rechnerisch, dass auf eine offene Stelle 2,6 Arbeitslose kommen. Hierdurch kann der Eindruck entstehen, dass Bewerber in Deutschland im Grunde nur geringe Chancen auf eine neue Beschäftigung haben. In der Realität interessieren sich jedoch bei ca. 24 % der Unternehmen nur wenige Bewerber wirklich für eine Stelle oder weisen nur eine unzureichende berufliche Qualifikation vor.[2] Andererseits beantworten Unternehmen ca. 20 % der Bewerbungen erst gar nicht.[3]

Es stellt sich also die Frage, wieso es bei dem klassischen Bewerbermanagement eine solche Diskrepanz zwischen Unternehmens- und Bewerbererwartungen gibt. Als Gründe hierfür werden oft der „War of Talents" oder die veränderte Demographie angeführt. Dabei hat sich prinzipiell auch die Einstellung zur Arbeit verändert. Bei den sogenannten Babyboomern (Geburtsjahrgang 1945 bis 1965) stand die Arbeit im Fokus der persönlichen Lebensplanung. Mit der Generation X (1965 bis 1980) änderte sich dies, sie arbeitet, um zu leben. Bei der Generation Y (1980 bis 1995) steht die Selbstverwirklichung im Vordergrund. Die Arbeit wird mit der persönlichen Lebensplanung kombiniert.[4]

Die Komplexität der Personalbeschaffung zeigt, dass schematisch ablaufende Bewerbungsprozesse häufig nicht zum gewünschten Erfolg

---

[1] vgl. Statistisches Bundesamt, 2016-2017.
[2] vgl. Institut für Arbeitsmarkt- und Berufsforschung, 2016.
[3] vgl. Buckmann, 2017, S. 4.
[4] vgl. Buckmann, 2017, S. 113ff.

führen, den optimalen Bewerber für eine Stelle zu finden. Die standardisierte Ablaufgestaltung mit den eingeschliffenen „Frage-Antwort-Spielen" ist außerdem oft nicht zielführend. Der Fokus des Bewerbermanagements ist demzufolge vom einzelnen Kandidaten hin zum gesamten – ihn umgebenen – System, in dem er sich bewähren muss, zu ändern. Den einen perfekten Kandidaten, wie er immer noch in den Vorstellungen vieler Entscheider vorkommt, gibt es nicht. Der erfahrene 60-jährige Schwabe oder die 25-jährige Chinesin können als Führungskräfte den ersehnten Turnaround bringen, es muss nicht immer der 40-jährige Diplom-Ingenieur mit Topabschluss und Referenzen sein.[5] Es soll dabei nicht der Eindruck entstehen, dass das aktuelle klassische Bewerbermanagement komplett überholt wäre. Als es entwickelt wurde, war es für seine Zeit perfekt. In der heutigen schnelllebigen Zeit benötigt man ein Bewerbermanagementsystem, das die situativen und komplexen Gegebenheiten im sozialen System Unternehmung berücksichtigt. Hier sieht die Urheberin die Möglichkeit, durch systemische Anpassungen das Bewerbermanagement so zu verbessern, dass sich die Chancen erheblich erhöhen, geeignete Mitarbeiter zu bekommen, die optimal zum Unternehmen passen und auch lange im Unternehmen verweilen.

Diese Masterthesis soll zeigen, wie ein möglicher Brückenschlag zwischen der Theorie der Systemik und der unternehmerischen Praxis im Bereich der Personalauswahl aussehen könnte.

---

[5] vgl. Eckelt, 2017, S. 6.

2   Die aktuelle Situation im Bewerbermanagement

Dieses Kapitel widmet sich der aktuellen Situation im Bewerbermanagement und zeigt auf, wie die Auswahlverfahren zurzeit durchgeführt
werden und welche umfangreichen Arbeiten damit verbunden sind.
Hierbei werden auch die eigenen Erfahrungen der Autorin berücksichtigt, die sie im Rahmen ihrer Mitarbeit im Verband der Pfälzischen Me-
tall- und Elektroindustrie e.V. PfalzMetall und in ihrem Unternehmen
gemacht hat.[6]

2.1   Formale Voraussetzungen für Personalplanung und - beschaffung

Personalplanung bedeutet, den Bedarf an Mitarbeitern möglichst exakt
zu ermitteln. Hierbei spielen Themen wie Demographie, Mitarbeiter-
saustritte, aber auch Unternehmensinterna wie z. B. Produktionspla-
nung eine wichtige Rolle.[7] Darüber hinaus kümmert sich die Personalplanung um innerbetriebliche Karrieren und das Entwicklungspotenzial
von Mitarbeitern.[8] Berücksichtigt werden muss jedoch der § 95 (1) BetrVG, der die Zustimmung des Betriebsrats bei der personellen Auswahl, bei Einstellungen, Versetzungen, Umgruppierungen und Kündi-
gungen regelt.[9] Man sollte in diesem Zusammenhang schon während
der Planung der Personalbeschaffung den Betriebsrat in die Entschei-
dungsfindung miteinbeziehen, damit er später nicht wegen eines Form-
fehlers die Einstellung ablehnt. Dies führt zu Mehrarbeit, zu zusätzli-
chen Kosten und unter Umständen zu einer Beschädigung des Images
des Unternehmens, weil potentielle Bewerber Abstand von einer Bewerbung nehmen. Der gesamte Bewerbungsprozess wäre nochmals
durchzuführen.

---

6   vgl. PfalzMetall, 2008.
7   vgl. Bröckermann, 2007, S. 40.
8   vgl. Bode, 2014, S. 15f.
9   vgl. Fitting, et al., 2016, S. 1609.

2.2 Interne versus externe Personalbeschaffung

Personalbeschaffung im Unternehmen kann sowohl intern als auch extern erfolgen. Bei der internen Personalbeschaffung greift man auf bereits im Unternehmen tätige Mitarbeiter zurück. Neue Karriere- und Verdienstmöglichkeiten stellen eine entscheidende Hilfe bei der beruflichen Weiterentwicklung von Mitarbeitern dar. Die interne Personalbeschaffung muss allerdings in jedem Fall eine Mehrbelastung für die verbliebenen Mitarbeiter vermeiden.[10] Mit der internen Bewerbung eines Mitarbeiters auf eine höhere Position fehlt dieser in der alten Abteilung, was zusätzliche Arbeit für die verbliebenen Kollegen bedeutet. Folglich sollte die interne Personalbeschaffung mit der externen kombiniert werden, um erfolgreich zu sein.

Die externe Personalbeschaffung greift hingegen auf unternehmensfremde Bewerber zurück. Bei einer aktiven externen Personalbeschaffung wird über geeignete Printmedien, aber auch Social-Media-Plattformen wie Monster oder Xing und über das Radio auf vakante Stellen aufmerksam gemacht. Bei der passiven externen Personalbeschaffung bewirbt sich ein potentieller Interessent initiativ. Die Stellenanforderung wird nur mit den passenden Bewerbern abgeglichen.[11] Diese Art der Personalbeschaffung ist sehr langwierig und wenig zielführend, da die Bewerbung meistens zeitlich mit der Vakanz der Stelle zusammenfällt. Eine andere mögliche externe Personalbeschaffungsmethode erfolgt über Leasingfirmen. Hier haben Bewerber die Chance, sich und ihre Arbeitsweise zu präsentieren und ihre Eignung für eine Stelle zu beweisen.

---

[10] vgl. Bröckermann, 2007, S. 20f.
[11] vgl. Bode, 2014, S. 43ff.

2.3 Die Mitwirkung des Betriebsrates bei einer Tätigkeitsbeschreibung

Nach Paragraph 99 BetrVG muss der Betriebsrat mit in den Einstellungs-prozess einbezogen werden. [12] Mit der Entscheidung der Unternehmensleitung über eine neue Stelle ist die Zustimmung des Betriebsrats über die Maßnahme einzuholen. Es ist empfehlenswert, hier auch gleich die erforderliche Tätigkeitsbeschreibung mit der Eingruppierung und allen relevanten Aufgaben und Anforderungen vorzulegen. Äußert sich der Betriebsrat dann innerhalb einer Woche nicht, gilt sein Schweigen als Zustimmung.

Dieses standardisierte Vorgehen ist sinnvoll bei bestehenden Stellen im Unternehmen oder bereits vorliegenden Tätigkeitsbeschreibungen. Sie wird jedoch sehr aufwändig bei neugeschaffenen Stellen. Hier fehlt den Beteiligten oft die Vorstellung über den Inhalt des entsprechenden Anforderungsprofils. Aus Erfahrung der Verfasserin haben viele Unternehmen oft keine Tätigkeitsfelder in entsprechende Tätigkeitsbeschreibungen fixiert.

2.4 Von der Tätigkeitsbeschreibung zur Stellenbeschreibung

Im Unternehmen, in dem die Autorin tätig ist, wurde in einer Betriebsvereinbarung (BV) der Unterschied zwischen Tätigkeitsbeschreibung und Stellenbeschreibung festgelegt. „Tätigkeitsbeschreibungen nennen die Aufgaben und Pflichten der Mitarbeiterinnen und Mitarbeiter, um vergleichbare Voraussetzungen in der Bewertung bezüglich z. B. der Jahresleistungsbeurteilung oder auch Eingruppierung zu ermöglichen. Diese Tätigkeitsbeschreibung muss bei internen Stellenausschreibungen mitausgehängt werden."[13] Eine Stellenbeschreibung muss hingegen auf die wichtigsten Inhalte der Stelle Bezug nehmen, wie z. B den Namen der Position und der Abteilung, den direkten Vorgesetzten mit der „dotted line", die notwendigen Arbeits- und Fachkenntnisse und die

---

[12]   vgl. Bundesministerium der Justiz, 2017.
[13]   vgl. Betriebsrat Staehle GmbH & Co. KG, 2014, S: 9.

erforderliche Berufserfahrung, den Handlungs- und Entscheidungs-spielraum, gegebenenfalls den Umfang der Mitarbeiterführung und geplante Entgeltgruppe/Tarifgruppe:[14] Bei der Stellenbeschreibung hat der Betriebsrat gemäß § 87 Abs. 1 Satz 10 BetrVG in Teilen Mitsprache-recht, weil die Entlohnung der Mitbestimmung unterliegt. Die Einbeziehung ist essentiell wichtig, da er – so die Sicht der Verfasserin – für die Zustimmung zu einer neuen Stelle zwingend immer auch die Tätigkeits-beschreibung benötigt.

2.5 Der Auswahlprozess innerhalb des Bewerbermanagements

Mit der Tätigkeits- bzw. der Stellenbeschreibung hat die Personalabteilung über das geeignete Medium für die Verbreitung der Stellenausschreibung zu entscheiden. Hierbei hängen die Art und der Umfang des Mediums von der Art der Stelle ab. Ein Supply Chain Manager wird eher erfolgreich über eine Social Media Plattform wie Xing oder StepStone gefunden, ein Produktionshelfer dagegen eher über eine Leasingfirma bzw. über das Arbeitsamt. Aber auch hier kann das „thinking outside the box" zu besseren Ergebnissen führen. Die Verfasserin hat z. B. Auszubildende über Radiowerbung gesucht, mit dem positiven Nebeneffekt, dass es zu umfangreichen Initiativbewerbungen auf offene Stellen kam. Die Art der Werbung hat Bewerber auf das Unternehmen fokussieren lassen. Nach der Sammlung aller Bewerbungen werden die formalen Anforderungen geprüft. Mängel bei den erforderlichen Standards wie z. B. der Vollständigkeit, der Sauberkeit der Unterlagen oder der Rechtschreibung zeigen, welche Mühe sich der Bewerber gegeben hat. Liegt etwa eine vorformulierte Bewerbung aus dem Internet vor?[15] Oft werden der Autorin Bewerbungsunterlagen vorgelegt, die in keiner Weise den grundlegenden formalen Ansprüchen gerecht wird. Dies zeigt, dass dem Interessenten die Bewerbung nicht wirklich wichtig ist. Nach diesen formalen Aspekten werden die inhaltlichen geprüft. Hat

---

[14] Vgl. Abb. 10.
[15] vgl. Wiswede, 2007, S. 188.

sich der Bewerber weder mit dem Unternehmen noch mit der Stelle auseinandergesetzt und legt er – wie im Anhang dargestellt – keinen Wert auf eine ordentliche Rechtschreibung, dann hinterlässt die Bewerbung einen schlechten Eindruck.[16] Dagegen wirkt das nächste Anschreiben aufgeräumt und überzeugend.[17] In der Praxis werden immer häufiger Anschreiben oder Lebensläufe nicht mehr vom Bewerber selbst verfasst, sondern von Beratern.[18] Damit wird der Eindruck, den der Kandidat hinterlässt, oftmals verfälscht. Demzufolge sollte der Lebenslauf sehr genau geprüft werden, denn er kann aufzeigen, ob ein Bewerber den Anforderungen des neuen Jobs auch wirklich gewachsen ist. Daneben sind die Arbeitszeugnisse für die Beurteilung des potentiellen Bewerbers von essentieller Bedeutung. Neben dem einfachen Zeugnis, das nur grundlegende Angaben zur Person, dem Unternehmen, der Dauer der Beschäftigung bzw. der Tätigkeit macht und die Qualität der Arbeitsleistung und des Verhaltens des Bewerbers nicht beurteilt, gibt es das qualifizierte Zeugnis, welches insbesondere die Beurteilung der persönlichen Leistungen und des sozialen Verhaltens, den Grund des Ausscheidens und eine Dankes- und Zukunftsformel beinhaltet. Für bestimmte Passagen bzw. Details im Zeugnis wie z. B. dem Fehlen der Dankesformel haben sich standardisierte Interpretationen entwickelt, die entsprechende Rückschlüsse auf den Bewerber zulassen. Allerdings sollen prinzipiell Arbeitszeugnisse generell wohlwollend formuliert sein. Die Aussage von Zeugnissen ist von den Personalverantwortlichen immer individuell zu bewerten. In der Regel kennen sie die allgemein gebräuchlichen Interpretationen und können die Aussagen über den Bewerber im Zeugnis richtig beurteilen. Offen bleibt jedoch die Unsicherheit, ob das ausgestellte Zeugnis dem Bewerber auch gerecht wird. Ist die fachliche Qualifikation überzeugend, wird der Bewerber zum ersten Gespräch eingeladen. Das Bewerbungsgespräch beginnt mit dem „Standard-Small-Talk", um dem Bewerber die Nervosität zu nehmen und eine

---

[16] vgl. Abb. 3.
[17] vgl. Abb. 4.
[18] vgl. Radler, 2009, S. 16.

entspannte Gesprächsatmosphäre zu schaffen. Im Rahmen von Bewerbungsgesprächen kommen in der Regel unterschiedliche Frageformen zur Anwendung. Offene Fragen sind eher sachlich orientiert, während quantifizierende Fragen zum Ziel haben, dass der Bewerber Aussagen zu seiner Person macht und zeigt, ob er schon einmal über sich selbst nachgedacht hat. Fragen zu der beruflichen Vergangenheit sollen Rückschlüsse auf persönliche Verhaltensweisen in bestimmten Situationen erlauben und eingeübte Verhaltensmerkmale aufzeigen. Darauf zielt auch die „Nachfassfrage" ab, die ermitteln soll, wie Bewerber in bestimmten Situationen reagieren. Gerade in den höheren Positionen ist es allerdings üblich, dass zusätzlich ein Assessment Center (AC) durchgeführt wird. Die gängigen Testverfahren untergliedern sich dabei in folgende drei Teile: dem Leistungs-, dem Intelligenz- und dem Persönlichkeitstest. Alle drei werden oft gleichzeitig beim Assessment Center angewandt, hinzu kommt noch der IST (Intelligenzstrukturtest).[19] Sie helfen dem Unternehmen, die Pros und Kontras bei Bewerbern besser einzuschätzen. Zum Abschluss des Verfahrens jedoch sollte die Entscheidung für einen Kandidaten gefallen sein. Jetzt muss der Betriebsrat der Einstellung zustimmen. Außerdem ist mit dem Bewerber über die persönlichen Vertragsbedingungen wie z. B. Gehalt, Probezeit usw. zu verhandeln. Mit der Vertragsunterzeichnung wird der Bewerber zu einem festen Mitarbeiter.[20]

2.6 Motivation für die Einführung eines systemischen Bewerbermanagements

„Ein Grundgedanke der Systemischen Beratung ist, dass in jedem Menschen die Ressourcen / Stärken zu einem glücklichen und einzigartigen Leben angelegt sind."[21] Legt man nun den Fokus auf die Ressourcen und Stärken von Bewerbern und nicht auf die Qualifikationen, dann bedeutet eine erfolgreiche Personalpolitik, den Fokus bei Bewerbern weg von

---

[19] vgl. Dincher & Mosters, 2011, S: 28.
[20] vgl. Dincher & Mosters, 2011, S. 31ff.
[21] vgl. Hülsmann, 2017.

der Suche nach dem „Besten" hin auf den „Richtigen" zu verlegen, weil erst dieser seine Ressourcen und Stärken ausspielen kann. Dies bedeutet nicht, dass der Richtige nicht auch der Beste sein kann. Der derzeitige Ablauf aktueller Bewerberverfahren legt jedoch den Schwerpunkt sehr stark auf formelle Anforderungen, sehr guten Zeugnissen oder einer guten Wortwahl im Anschreiben. Dies suggeriert, dass jemand mit einer sehr guten Qualifikation immer auch der Richtige für eine Tätigkeit sein muss. Fordert das Anforderungsprofil jedoch gute Teamplayer-Skills, verlieren bestimmte quantifizierte Leistungen der Vergangenheit an Relevanz. Der Schluss von der allgemeinen Beurteilung einer Person auf ihre Fähigkeit, bestimmte Tätigkeiten erfolgreich auszuüben, vernachlässigt die in jedem Individuum bestehenden Stärken und Schwächen, um die es im Bewerbermanagement eigentlich geht. Die Autorin hat jedoch folgende Aussage kennengelernt, dass es eine Objektivität von Aussagen über die Welt nicht geben kann, sondern höchstens eine Einigung unterschiedlicher Beobachter über die anzuwendenden Beobachtungsmethoden. Sie sind somit subjektiv.[22] Die Anwendung systemischer Ansätze im Bewerbermanagement ermöglicht die bewusste Auswahl von „richtigen" Mitarbeitern, die in das Team passen und es mit ihren Stärken ergänzen. Über Selbstreflexion und in Eigenorganisation beseitigen sie eigene Fehler, wovon das gesamte Team und das Unternehmen profitieren.[23] Nach Ansicht der Autorin kann erst so langfristig das Ziel einer selbstlernenden Organisation entwickelt werden.

---

[22] vgl. Simon, 2015a, S. 107.
[23] vgl. Patrzek, 2017, S. 59f.

3 Systemische Grundlagen

In diesem Kapitel sollen die Grundlagen für ein allgemeines Grundverständnis für die Systemik und das systemische Arbeiten geschaffen werden. Systemisches Arbeiten bedeutet, dass Lösungen für Probleme prinzipiell nicht von außen vorgegeben werden können. Man kann nur Impulse setzen, ohne vorhersagen zu können, welches Ergebnis diese haben werden. Natürlich wird ein Ergebnis erwartet, das den Erwartungen entspricht, nach dem Motto von Johannes Groß: „Alles kann, nichts muss."[24]

3.1 Was ist Systemik?

Für „Nicht-Systemiker" bedeutet Systemik, dass alles mit allem zusammenhängt.[25] Dies ist viel zu allgemein. Im Prinzip begründet sich die Systemik auf Descartes' Spaltung der Welt und der daraus folgenden klaren Abgrenzung der geistigen von der materiellen Welt. Die Wirklichkeit lässt sich durch bereits „angeborene Begriffe" erklären, die nicht hinterfragt werden. Es gibt einen „Ist-Zustand", bei dem die Frage immer nach dem „Wie", aber nie nach dem „Warum" gestellt wurde.[26] Nach Descartes hat ein Beobachter im Prinzip keinen Einfluss auf die beobachtbare Materie. Zeugenbefragungen nach einem Unfall haben jedoch gezeigt, dass Beobachtungen durch die Person des Beobachters, seine Weltsicht oder die Situationsmerkmale subjektiv beeinflusst werden. Die Beobachtungsobjekte stehen also vielmehr in einem Beziehungszusammenhang und können nicht isoliert betrachtet werden. Der Grundgedanke des Konstruktivismus dreht sich hingegen um das menschliche Denken oder auch Fühlen und rückt die Beziehung zwischen Erkenntnis und Erkanntem in den Fokus.[27]

---

[24] Mündliche Information von Johannes Groß am 22.07.2017 in der Präsenzveranstaltung 4. Semester, TU Kaiserslautern.
[25] vgl. Simon, 2015a, S. XVI.
[26] Vgl. Simon, 2015a, S. 1.
[27] vgl. Simon, 2015a, S. 3ff.

Neuere Entwicklungen in der Systemtheorie stützen sich auf den Begriff der Kybernetik, der eine übergeordnete Stellung in allen wissenschaftlichen Disziplinen einnimmt. Hier steht die Steuerung von Verhalten im Vordergrund, die unabhängig von der materiellen Beschaffenheit des untersuchten Gegenstandes ist. Nach diesem Denkansatz kann man Verhalten nicht mehr voneinander abgrenzen, isolierte Laboruntersuchungen bringen keine Erkenntnisse und es können somit keine linear kausalen Erklärungen mehr gefunden werden.[28]

Die heutige Systemik wurde essentiell beeinflusst unter anderem von Niklas Luhmann, Gregory Bateson, Humberto Maturana sowie von Paul Watzlawick und seiner Palo-Alto-Gruppe. Ihnen hat man die Eckpfeiler des Gedankenkonstrukts „Systemik" zu verdanken. Der systemische Berater soll demnach dem Hilfesuchenden nicht eine vorformulierte Lösung anbieten, wozu er sowieso nicht in der Lage ist. Er soll vielmehr dem Hilfesuchenden bei der Überwindung eines Problems helfen, bei dem dieser zuvor einen blinden Fleck gehabt hat. Auf diese Weise wird er zum eigenen Experten. Erst durch das Angebot von sinnvollen Handlungsalternativen und neuen Perspektiven im Denken kann der Hilfesuchende sein Problem überwinden und zu einem positiven Ergebnis kommen.[29]

3.2 Die Abgrenzung autopoietischer Systeme

Der Begriff der Autopoiese kommt aus der Biologie und beschreibt den Prozess der Selbsterschaffung und -erhaltung eines Systems. In der Systemtheorie dient er der Beschreibung von psychischen und sozialen Systemen. Autopoiese bedeutet, dass Systeme immer wieder an bekannten Elementen in ihrem Verhalten anknüpfen bzw. die Elemente selbst erzeugen, aus denen sie bestehen. Elemente sind dabei Ereignisse, die zeitgleich auftauchen und verschwinden, so dass Systeme immer gezwungen sind, sich selbst zu erhalten. Systeme sind folglich innengesteuert, auch wenn sie sich ihren Umwelten anpassen müssen,

---

[28] Vgl. Simon, 2015a, S. 6f.
[29] vgl. Balz & Plöger, 2015, S. 106ff.

um zu überleben.[30] Prinzipiell können sich Systeme zwar verändern, die Muster der Prozesse bleiben dabei jedoch stets konstant. Die Wirkungsweise eines autopoietischen Systems lässt sich am Beispiel der menschlichen „Zelle" erklären. Ihre molekularen Elemente treten miteinander in Interaktion, was zu einem dynamischen Netzwerk kontinuierlicher Wechselwirkungen führt. Damit wird auch gleichzeitig die Zellwand als integraler Bestandteil gebildet. Es kommt zur „Innen-Außen-Unterscheidung". Die Dynamik der ablaufenden Prozesse bildet gleichzeitig ihren Rand, der wiederum die ablaufenden Prozesse begrenzt. Ohne diese Begrenzung findet keine Dynamik statt. Daran zeigt sich die Selbstbezüglichkeit des Prozesses.[31] Analog lässt sich diese Darstellung auf die Funktionsweise psychischer (Mensch) wie sozialer (Organisationen) Systeme übertragen. System und Umwelt bilden dabei eine Einheit, welche durch die entsprechende Grenze getrennt wird.

3.3 Wirkungsbeziehungen zwischen Systemen

Die Wirkungsweise von Systemen lässt sich nur über Beobachtungen erkennen. Hierbei können drei Stufen unterschieden werden. Bei der sogenannten „ersten Ordnung" werden Gegenstände direkt observiert, z. B. der Bau eines Hauses. Im Gegensatz hierzu werden bei solchen „zweiter Ordnung" andere beobachtet, nicht der Hausbau, sondern indirekt der Betrachter wird beobachtet.[32] Bei der dritten Stufe – der sogenannten „dritten Ordnung" – reflektiert ein dritter über die Beobachtungen der beiden vorherigen und zieht daraus die für ihn und seine Realität sinnvollen Schlüsse. In diesem Zusammenhang ist ein autopoietisches System ein in sich geschlossenes, gegenüber seiner Umwelt vollkommen abgegrenztes System, welches sich in seinen Aktivitäten alleine auf sich selbst und seine Aktivitäten bezieht. Es gibt somit nur für Beobachter eine Innen-Außen-Unterscheidung, nicht aber für das System an sich.[33] In diesem Zusammenhang kommt der Kontingenz bzw.

---

[30] vgl. Simon, 2015a, Glossar V.
[31] vgl. Simon, 2015a, S. 27ff.
[32] vgl. Simon, 2015a, S. 38.
[33] Vgl. Simon, 2015a, S. 42f.

der doppelten Kontingenz besondere Bedeutung zu. Demzufolge kann ein Ereignis, ein Verhalten oder ein Sachverhalt weder unmöglich noch notwendig sein, wenn alles auch anders sein könnte.[34] Doppelte Kontingenz bedeutet also, dass für zwei Beobachter das jeweilige Verhalten des jeweiligen Gegenübers nicht wirklich vorhersehbar ist. Sie begrenzen sich allerdings aufgrund ihrer Kultur bzw. Sprache trotzdem im Verhalten so, dass Unmögliches ausgeschlossen und Notwendiges akzeptiert wird. Wie noch zu zeigen ist, hat dieser Aspekt für das Bewerbermanagement essentielle Bedeutung. Gerade im Bewerbungsprozess kommt es häufig zu Beobachtungsfehlern, da die Wahrnehmung der Beobachter oft nicht objektiv, sondern subjektiv geprägt ist. Bei sogenannten Spiegeleffekten kann es z. B. dazu kommen, dass man das Gegenüber sympathisch findet, weil es dem eigenen Spiegelbild ähnelt. Das Gegenüber muss uns also auch in anderen Dingen ähnlich sein. Ähnlich funktioniert der „Halo-Effekt", welcher einzelne beeindruckende Eigenschaften so faszinierend darstellt, dass andere, unter Umständen negative Eigenschaften nicht mehr wahrgenommen werden.[35]

3.4 Realität versus operationale Schließung

Kognition wird nach Heinz Förster definiert als „Errechnen einer Realität". Der Mensch nimmt eine aktive Rolle bei der Konstruktion einer eigenen Wirklichkeit ein, die er zu erkennen glaubt. Der unbestimmte Ausdruck einer „Wirklichkeit" unterstellt, dass gleichzeitig situativ unterschiedliche Realitäten möglich sind. Rechnen bedeutet in diesem Zusammenhang „in eine Ordnung bringen". Hieraus entwickelt sich dann eine rekursive Funktion, die Entstehung von unendlich vielen potentiellen Schleifen, welche auch als „operationale Schließung" bezeichnet

---

[34] vgl. Simon, 2015b, Glossar V.
[35] Vgl. Müllerschön, 2012, S. 188.

wird. Hier schließen sich immer wieder rekursiv Operationen an Operationen an.[36] Es gibt demzufolge keine objektiv nachvollziehbare Realität, sondern immer nur eine auf Erfahrungen beruhende situative, subjektive Realität in einem System.

3.5 Auswirkung von Irritation und Instruktion – unter Berücksichtigung struktureller Kopplung

Um die Wirkungen von Irritationen und Instruktionen erklären zu können, muss man wissen, dass es sich bei psychischen wie sozialen Systemen nicht um triviale Maschinen handelt. Bei trivialen Maschinen wiederholen sich bestimmte Funktionen immer wieder und sind genau strukturiert vorgegeben. So kocht z. B. eine Kaffeemaschine als Ergebnis immer wieder nur Kaffee. Die Abläufe sind klar vorgegeben. Im Inneren einer nicht trivialen Maschine laufen jedoch Prozesse ab, von denen man im Vorfeld das Ergebnis nicht voraussagen kann. Eine „nicht-triviale" Kaffeemaschine entscheidet dann selbst, Kaffee oder Tee zu kochen.[37] Bei nicht-trivialen Maschinen kann sich der innere Zustand ändern und somit ein und derselbe Reiz ein völlig anderes Ergebnis nach sich ziehen. Systeme lernen folglich durch Erfahrungen aus der Vergangenheit. Sie sind dadurch auch bereit, innere Veränderungen vorzunehmen. Dies wird aber von einem Beobachter zweiter Ordnung nicht wahrgenommen, da dieser die inneren Veränderungen nicht sieht.[38] Mit einem Beispiel von Gregory Bateson können Irritationen veranschaulicht werden. Mit einem Tritt an einen Stein kann man z. B. seine Flugrichtung oder seine Geschwindigkeit berechnen. Dies ist die Definition einer trivialen Maschine mit einem bestimmten „Ursache-Wirkungs-Zusammenhang". Tritt man hingegen einen Hund, kann man seine Reaktionen nicht theoretisch vorhersagen, ein „Ursache-Wirkungs-Zusammenhang" ist nicht erkennbar. Ein Hund reagiert nicht als triviale Maschine, seine Reaktion ist offen. Man kann nicht ‚in' den

---

[36] vgl. Simon, 2015a, S. 40ff.
[37] vgl. Simon, 2015a, S. 32.
[38] vgl. Simon, 2015a, Glossar VII.

Hund hineinsehen und den aktuellen inneren Zustand des Hundes und die vergangenen Erfahrungen des Hundes erkennen. Der Hund als Beobachter 1. Ordnung gibt dem Tritt eine Bedeutung und verwendet ihn als Information – diese Information ist es, die sein Verhalten bestimmt."[39] Dies bedeutet, dass Irritationen (Tritt) das System (Hund) zwar beeinflussen, der Beobachter 2. Ordnung aber nicht die Reaktion des Systems vorhersehen kann. Es entsteht eine Strukturdeterminiertheit, die vermeidet, dass autopoietische Systeme von außen beeinflusst werden können. Sie verhalten sich nur und ausschließlich auf Basis ihrer internen Struktur. Ihre Autonomie besteht nur im „hier und jetzt", aber nicht unabhängig von den Einflüssen ihrer Umwelt. Diese Umwelteinflüsse wirken dabei nicht geradlinig-kausal im Sinne von Ursache und Wirkung, sondern als Auslöser, auf die jedes autopoietische System andere innengesteuerte Verhaltensweisen als Reaktion entwickelt.[40] Hier setzt die strukturelle Kopplung an. Menschen werden dann prinzipiell etwas bewirken oder verändern, wenn sie einen Sinn darin erkennen. Veränderungen können folglich nur eingeleitet, aber nicht von außen bestimmt werden. Irritationen werden in der Regel über jene eigenen Erfahrungen ausgeglichen, die man in gleichen bzw. ähnlichen Situationen angewandt hat (Akkommodation). Ansonsten muss das System neue Prozesse entwickeln, um die inneren Strukturen anders zu ordnen.[41] Diese Neuordnung muss dem System allerdings auch sinnvoll erscheinen. Die strukturelle Kopplung ist folglich zwischen unterschiedlichen Systemtypen sowie -ebenen möglich und verbindet unterschiedliche Systeme bzw. deren Subsysteme zu definierten Kontexten.[42] Auch im Bewerbermanagement geht es um die Neuordnung bestehender Systeme. Der neue Mitarbeiter irritiert zunächst das bestehende System, mit der Folge, dass dieses im Rahmen eines veränderten Kontextes neu geordnet werden muss. Diese Grundgedanken sind somit in das Bewerbermanagement einzubinden.

---

[39] vgl. Simon, 2015a, S. 46f.
[40] vgl. Simon, 2015a, S. VIII.
[41] vgl. Simon, 2015a, S. 77f.
[42] vgl. Simon, 2015a, S. IX.

3.6 Die Bedeutung von Indication und Distinction

Die Begriffe „Indication" und „Distinction" verweisen auf die Begriffe Landkarte und Landschaft. Sie wurden von Alfred Korzybski nachhaltig geprägt, indem er auf folgende Feststellung hinwies: „the map is not the territoy".[43] In der systemischen Theorie geht man davon aus, dass das Weltbild von Individuen subjektiv ist. Es ergibt sich aus deren Geschichte und Interaktionen mit den relevanten Umwelten und ist „konstruiert". Dieses Konstruieren ist kein Prozess, den das Individuum steuern kann, sondern erfolgt im Unterbewusstsein.[44] Jeder Mensch entscheidet als psychisches System selbst, welche Bedeutung er den gesprochenen oder geschriebenen Wörtern gibt, verbunden mit der latenten Gefahr, dass zwischen dem vom Sprecher Gemeinten und dem vom Hörer Verstandenem Diskrepanzen auftreten. Die Folge sind Fehlentscheidungen.[45] Die Unterscheidung von Landschaft und Landkarte wird auch durch Paradoxien gebildet. Paradoxien sind sich ausschließende Handlungsaufforderungen, bei denen nicht zwischen richtigen und falschen Entscheidungen unterschieden werden kann.[46] Diese Paradoxien sind typisch für die Abläufe von Prozessen im sozialen System Unternehmen, denn man entscheidet immer mit Unsicherheit. Sie stellen aber für die betriebliche Realität und dem Ablauf von Kommunikationen keine Probleme dar, da sie als solche nicht wahrgenommen werden. Die Landkarten sind die subjektiven und individuellen Vorstellungen der Akteure von der Wirklichkeit im Unternehmen, die Landschaft stellt hingegen ihre reale Umwelt dar. Die internen Vorstellungen stoßen somit auf die realen äußeren Einflüsse und die Akteure versuchen, darauf mit entsprechend eingeübten Routinen zu reagieren. Dies ist bei der Einführung eines Bewerbermanagements mit systemischen Aspekten und der Besetzung von Stellen in jedem Fall zu berücksichtigen.[47] Neue Mitarbeiter treffen immer auf eingeübte Routinen, mit der Folge,

---

[43] vgl. Simon, 2015a, S. 64.
[44] vgl. Simon, 2015a, S. 68.
[45] vgl. Simon, 2015a, S. 64.
[46] vgl. Simon, 2015a, S. 98.
[47] vgl. Simon, 2015a, S. 101.

dass beide Systeme an ihre Grenzen kommen, die es systemisch-orientiert zu überwinden gilt.

3.7 Besonderheiten des systemischen Denkens

Im systemischen Denken treten zirkuläre Erklärungen an die Stelle von geradlinig-kausalen. Statt isolierter Objekte werden Beziehungen und Interaktionen betrachtet.[48] Diese Erklärung ist für die Beurteilung von Verhaltensweisen in bestimmten Situationen revolutionär, denn man kann Verhalten nicht im Labor erforschen und dann im Feldversuch steuern, da auf ein bestimmtes gezeigtes Verhalten immer eine Vielzahl von ursächlichen Einflüssen eingewirkt haben können. Es gibt demzufolge keine Eindeutigkeit von Ergebnissen. Jedoch – und das ist hier ein Problem – darf ein Beobachter eines Feldversuchs unter keinen Umständen auf das Beobachtete einwirken, was allerdings bei Beratungen und Entscheidungen wie z. B. bei Einstellungen leider zu oft vorkommt. Aus bestimmten Verhaltensweisen können mit einfachen „Wenn-Dann-Wirkungs-Zusammenhängen" keine logischen Schlüsse gezogen und Entscheidungen getroffen werden. Man muss sich selbst öffnen und die gesamte Komplexität des Systems und der Situation betrachten. Daraus folgen zehn Gebote, die jeder Berater oder Personalverantwortliche – auch im Bewerbermanagement – beachten sollte:

1) Alles, was gesagt wird, wird von einem Beobachter gesagt.
2) Man muss das Phänomen als solches unterscheiden von dem, was über ein Phänomen gesagt wird.
3) Wenn Informationen beschafft werden sollen, sind Unterscheidungen zu treffen.
4) Die Beschreibung beobachteter Phänomene ist von der Erklärung und Bewertung zu trennen.
5) Der Istzustand einer Situation ist immer erst zu erklären.
6) Zwischen Elementen, Systemen und Umwelten ist zu unterscheiden.

---

[48] vgl. Simon, 2015a, S. 5.

7) Soziale Systeme sind Kommunikationssysteme, selbst ihre kleinsten Einheiten bestehen aus Kommunikation.
8) Ein System und seine relevante Umwelt bilden immer die Überlebenseinheit.
9) Das Handeln sollte sich an repetitiven Mustern orientieren.
10) Paradoxien und Ambivalenzen sind normal, stellen somit kein Problem dar. 49

Diese ersten Ansätze der Systemik sind für das Verständnis dieser Arbeit essentiell wichtig. Sie implizieren, sich prinzipiell mit vorschnellen Bewertungen von Personen und deren Verhalten zurückzuhalten, denn sie können völlig falsch sein. Ebenso sind von außen induzierte Verhaltensänderungen nicht möglich. Man kann nur Impulse geben und damit die Selbstreflexion über ein bestimmtes situatives Verhalten anstoßen, um eine eigenverantwortliche Änderung einzuleiten. Ob und inwieweit diese auch tatsächlich beim Mitarbeiter eintritt oder ob der Bewerber im Gespräch wahrheitsgetreu antwortet, liegt ganz alleine an ihm selbst. Der systemisch-orientierte Anwender ist sich stets bewusst, dass auch in der Personalarbeit immer noch linear in einfachen „Ursache-Wirkungs-Zusammenhängen" gedacht wird. Die Komplexität und die Kontingenz von betrieblichen Situationen, insbesondere im Bewerbermanagement, lassen eine solche Betrachtungsweise nicht zu. Diese kommt zu falschen Ergebnissen und dementsprechend zu suboptimalen Entscheidungen. Die ganzheitliche Betrachtung muss ein fester Bestandteil des Bewerbermanagements werden.

---

49 vgl. Simon, 2015a, S. 107ff.

4 Überlegungen zur Konzeption eines systemischen Bewerbermanagements

Wie in Kapitel 1 bereits erläutert, besteht nach Ansicht der Autorin ein großer Handlungsbedarf für die Berücksichtigung systemischer Ansätze im Bewerbermanagement. In diesem Kapitel sollen nun die Grundvoraussetzungen für die Konzeption von Ansätzen eines systemischen Bewerbermanagements erläutert werden.

4.1 Die Bedeutung von Sinnhaftigkeit am Arbeitsplatz

„Sinn ist das Medium, in dem sich soziale und psychische Systeme formen."[50] Durch ihre selektive Wahrnehmung reduzieren psychische Systeme somit die Komplexität einer Situation, das subjektive Verständnis der Welt wird vereinfacht. Diese selektive Wahrnehmung lässt sich daran erklären, wie Zeugen den Ablauf eines Autounfalls erklären. Hier wird ein bestimmter Prozessablauf, der Unfallhergang, von Zeugen unterschiedlich wahrgenommen, obwohl alle das Gleiche gesehen haben. Nicht der reale Ablauf des Geschehens wird wiedergegeben, sondern jeder Zeuge bringt seine persönliche Wirklichkeit mit in die Beobachtung ein. Er fokussiert seine Aufmerksamkeit nur auf das für ihn Sinnvolle. Auf das Funktionieren von sozialen Systemen wie Unternehmen übertragen bedeutet dies, dass sich auch die Kommunikation der einzelnen psychischen Systeme – die Mitarbeiter – auf eine Sache fokussieren muss, um als soziales System eine Umwelt-Systemwelt-Unterscheidung erreichen zu können.[51] In Unternehmen wird dabei die persönliche oft der vorherrschenden sachbezogenen Kommunikation untergeordnet. Eine Kommunikation zwischen den Elementen eines Systems untereinander und ihrer relevanten Umwelt kommt erst dann zustande, wenn alle das gleiche Verständnis bezüglich der Fokussierung ihrer Aufmerksamkeit haben. Dieser Ansatz gilt auch für die Abläufe in

---

[50] vgl. Simon, 2015b, S. 57.
[51] vgl. Simon, 2015b, S. 57f.

einem Bewerberprozess. Für die Besetzung eines Arbeitsplatzes müssen sich die beteiligten Parteien im Klaren darüber sein, dass ein Mitarbeiter prinzipiell den Sinn seiner Tätigkeit verstehen und insbesondere auch akzeptieren muss. Ansonsten erfolgt im System keine effiziente Kommunikation. Für einen ersten Schritt hierzu verständigen sich alle Entscheidungsträger rechtzeitig nicht nur über die Definition, die Besetzung und die erforderliche Qualifikation einer Stelle, sondern insbesondere über den Aspekt der Sinnhaftigkeit der Stelle für den potentiellen Stelleninhaber. Erst der Sinn der Tätigkeit bestimmt später auch den Erfolg am Arbeitsplatz. In der Praxis erfolgt jedoch häufig eine völlig andere Gewichtung bei der Bewerberauswahl. Die Personalabteilung erarbeitet mit der Fachabteilung gemeinsam die Stellenbeschreibung und die erforderliche Qualifikation. Erst wenn der Betriebsrat diese ablehnt, wird eingehend über die Stelle diskutiert. Der frühzeitige Einbezug der Sinnhaftigkeit einer Tätigkeit hätte den Effekt, dass durch die Mitwirkung aller am Einstellungsprozess beteiligter Personen unterschiedliche Perspektiven und vor allem unterschiedliche Erfahrungen bei der Besetzung der Stelle berücksichtigt werden. Nur, was letztlich wirklich essentiell und relevant für die Sinnhaftigkeit einer Stelle ist, wird dann berücksichtigt. Die Erwartungen und insbesondere die Erwartungs-Erwartungen der betroffenen Personen als relevante Umwelten für den neuen Stelleninhaber werden offensichtlich und dementsprechend auch berücksichtigt. Die Erwartungen werden auf etwas Typisches oder Normatives verallgemeinert und aus der Gesamtheit aller möglichen Verhaltensweisen wird diejenige selektiert, die in dieser Situation einen Sinn ergibt. Die situativ angelegte Komplexität wird reduziert und damit überbrückbar. Eine bestimmte Erwartung wird auch noch dann angewandt, wenn die eigentliche Situation nicht mehr besteht. „Das gebrannte Kind scheut jedes Feuer."[52] Hier greift auch der Begriff des Sensemakings des Managementtheoretikers Karl Weick, der den Begriff als eine Art von Konstruktionsleistung definiert. Psychische Systeme nehmen ihre Wirklichkeit so wahr und konstruieren sie nach ihren eigenen gemachten Erfahrungen und Überzeugungen so, wie sie für sie einen

---

[52] vgl. Simon, 2015b, S. 76.

Sinn ergeben haben.[53] Werden Arbeitsplätze neu geschaffen oder neu organisiert, stehen Unternehmen nicht nur vor der Herausforderung, diese in den Unternehmensprozess ökonomisch sinnvoll einzugliedern, vielmehr müssen die Arbeitsplätze auch aus der Sicht der Mitarbeiter, der Führungskräfte, der Kunden und Lieferanten einen Sinn ergeben. Nur so kann man langfristig am Markt bestehen und erfolgreich sein. Die bis heute verbreiteten linearen Modelle zur Lösung betriebswirtschaftlicher Probleme am Arbeitsplatz sind mittel- bis langfristig sukzessive durch ganzheitlichen Modelle zu ersetzen, die den Sinn eines Arbeitsplatzes für den Stelleinhaber und die Erwartungen seiner für ihn relevanten Umwelten miteinschließen.[54] Damit werden Entscheidungen transparent und gegebenenfalls Missverständnisse vermieden. Dabei kommt der Sprache als Medium der Kommunikation besondere Bedeutung zu, denn diese ist von allen Akteuren beeinflussbar. Die Satzzeichen unterteilen einen schriftlichen Textes in Sinneinheiten und auch jeder Teilnehmer an einer Kommunikation gliedert den kontinuierlichen Strom der Interaktion in Sinneinheiten, indem er einzelne Handlungen gegeneinander abgrenzt und zueinander in Beziehung setzt."[55] Fehlt ein Schwerpunkt bei der Besetzung einer Stelle, dann fehlt hier auch die entsprechende Kommunikation mit allen Betroffenen, dann wird der Sinn bestimmter Maßnahmen und Entscheidungen auch nicht verstanden und im Verhalten auch nicht mitgetragen. Unverständnis, auch Konflikte, entstehen immer bei nicht ausreichender Kommunikation über die Sinnhaftigkeit von Maßnahmen. Alle Ebenen, die Arbeitsplätze schaffen oder neu organisieren, müssen sich über den beabsichtigten oder auch gemeinten Sinn bestimmter Tätigkeiten verständigen. Erst mit dieser Verständigung steigt die Arbeitsproduktivität. Bei allen Überlegungen ist jedoch zu beachten, dass jeder Mensch von der Sinnhaftigkeit ei-

---

[53] vgl. Krizanits, 2013, S. 33.
[54] vgl. Kindl-Beilfuß, 2015, S: 35ff.
[55] vgl. Simon, 2015b, S. IV.

nes Arbeitsplatzes auch seine subjektive Vorstellung hat, was insbesondere das Bewerbermanagement langwieriger, aber nicht unmöglich macht.[56]

4.2 Berücksichtigung der Sinndimensionen im Rahmen von Gesprächen

In diesem Kapitel werden die drei Sinndimensionen nach der Konzeption von Niklas Luhmann in Bezug auf die Definition einer Stelle und dem damit verbundenen Bewerbermanagement dargestellt. Es wird zwischen der Sach-, der Sozial- und der Zeitdimension unterschieden. Alle drei sind in der Regel immer miteinander verbunden, auch wenn sie nicht jeweils einzeln thematisiert werden.[57]

Unternehmen als soziale Systeme leben auf Basis von Kommunikationen und Interaktionen, was insbesondere für die Schaffung, aber auch für die Veränderung von Arbeitsplätzen bzw. Stellen gilt. Neben der formalen Ausstattung mit Möbeln oder Internet soll unter einem Arbeitsplatz auch die inhaltliche Ausgestaltung wie z. B. die Aufgaben oder die Inhalte der Arbeit verstanden werden. Unter einer Stelle versteht man dann die personelle Besetzung des Arbeitsplatzes als kleinste organisatorische Einheit im Organigramm, verbunden mit Funktionen und Vollmachten.[58] Das Unternehmen kann als soziales System nur funktionieren, wenn seine Elemente – die Mitarbeiter in unterschiedlichen Funktionen – miteinander kommunizieren und dabei auf ein bestimmtes für sie relevantes Thema fokussiert sind. Dabei wird ihre Aufmerksamkeit in ihrer Kommunikation auf ein gemeinsames unternehmerisches und demzufolge sachbezogenes Ziel gebündelt. Diese Kommunikation geht dabei über eine einfache, spezifische Information hinaus und umfasst zusätzlich die nachfolgenden drei Sinndimensionen, welche den Sender und den Empfänger dieser Information miteinschließt.

---

[56] vgl. Simon, 2015b, S. 67.
[57] vgl. Simon, 2015b, S. 58.
[58] vgl. Bröckermann, 2007, S. 54f.

Die Sachdimension eines Gesprächs basiert bei den Beteiligten auf Themen mit einer beabsichtigten Intention und bei sozialen Systemen wie Unternehmen auf der Sinnhaftigkeit der ablaufenden Kommunikation. Themen können dabei auch Personen sein. Die Sachdimension bezieht sich auf den spezifischen Inhalt der Kommunikation und schließt dabei mögliche Alternativen im Sinne von „dies" und „anderes" bewusst aus.[59] Die Sachebene oder auch Inhaltsdimension steht dann im Vordergrund, wenn rein betriebswirtschaftliche, technische Sachfragen oder reine Zahlen und deren Diskussion am Arbeitsplatz im Vordergrund stehen. In Rahmen des Bewerbermanagements geht es jedoch über die Sachfragen hinaus immer auch um den Aufbau einer Beziehung zum Gegenüber. Sie ist wichtig für den Erfolg der Kommunikation, will man sich ein effektives Bild von der Person, seinen Einstellungen und Verhaltensmustern machen. Sach- und Sozialdimension gehören immer zusammen. Im Luhmann'schen Sinn würde das bedeuten, dass man bei den Bewerbungsgesprächen den Beziehungsaufbau der Sachbezogenheit im Gespräch voranstellt, um das Gegenüber besser kennenzulernen und eine entspannte Atmosphäre zu schaffen Unverfängliche Inhalte wie z. B. das Wetter oder die Anreise markieren und trennen im Gespräch das eine („Dies") vom anderen eigentlichen Thema („Anderes") ab. Eine Besonderheit des Bewerbungsmanagements ist, dass es im Gespräch nicht allein auf die Sachdimension wie z. B. Abschlüsse, Zeugnisse, Fertigkeiten, Qualifikationen oder bisherige Aufgabenbereiche ankommt. Neben der reinen „Datenübermittlung" sollte auch immer gleichzeitig ein Angebot für eine Beziehungsebene gemacht werden. Die Sozialdimension definiert die Art der Beziehung, die man zu dem entsprechenden Kommunikationspartner besitzt bzw. entwickelt hat und bestimmt damit gleichzeitig den Kontext, in dem die Kommunikation abläuft. Damit wird dem, was der andere Kommunikationspartner sagt, gleichzeitig ein entsprechender Sinn zugeschrieben. So wie das persönliche Bild von einem selbst – das Ego – für alle Gegenstände und für alle Themen bei der Kommunikation relevant ist, so gilt dies dann auch für ein eventuell vorhandenes Alter Ego. Somit

---

[59] vgl. Simon, 2015b, S. 57ff.

orientiert sich das eigene Handeln an der Kommunikation mit dem Anderen. Vor diesem Hintergrund haben die Erwartungen und die Erwartungs-Erwartungen besondere Bedeutung, denn erst sie ermöglichen den Aufbau einer vermeintlichen Beziehung. Die Art der Beziehung, die man zu seinem Kommunikationspartner aufgebaut hat, definiert den Kontext und damit auch die Sinnzuschreibung zu dem, was der andere sagt.[60] Gerade im Bewerbermanagement und hier insbesondere bei den Bewerbergesprächen kommt dem Aspekt der Sozialdimension besondere Bedeutung zu. Erst sie ermöglicht es, im Bewerbungsprozess über die reinen fachlichen und quantifizierbaren Informationen hinaus auch persönliche Informationen über die Erwartungen und insbesondere den Einstellungen zu bestimmten Sachverhalten und Verfahren zu bekommen. Hier wird die – für die zu besetzende Position – wichtige Persönlichkeitsebene angesprochen und man bekommt tiefere Informationen über den Bewerber, seinen Erwartungen und Einstellungen. Bei erfolgreichen Bewerbungsgesprächen schaffen es Bewerber, trotz der sachlichen Thematik, eine persönliche Basis zum Interviewer zu entwickeln. Sie dauern deutlich länger, da permanent Anknüpfungspunkte zwischen Bewerber und Interviewer gefunden werden, mit denen sich das neu entstandene Zweier-System weiterentwickeln und erhalten kann. Die Zeitdimension verbindet die Vergangenheit mit der Gegenwart und der Zukunft. Sie entsteht durch die Unterscheidung von „Vorher" und „Nachher" im Ablauf von sozialen und psychischen Prozessen, die an allen Ereignissen erfahren werden kann. Die Zeit ist nicht mehr an die unmittelbar erfassbare Situation gebunden. Sie wird zu einer eigenständigen Dimension, die nur noch das „Wann" und nicht mehr das „Wer", „Was", „Wo" oder „Wie" des Erlebens und Handelns zuordnet. Die Zeitdimension ist losgelöst vom Problem „anwesend" und „abwesend" und Abwesendes kann dann auch als gleichzeitig aufgefasst werden.[61] Im Bewerbermanagement treffen meistens alle Zeiträume aufeinander, insbesondere im Bewerbungsgespräch gibt es immer ein Vorher und Nachher. Die Anforderungen vom Unter-

---

[60] vgl. Simon, 2015b, S. 59ff.
[61] Vgl. Simon, 2015b, S. 61.

nehmen an den Bewerber und die Stelle sind zukunftsorientiert, das Gespräch selbst läuft in der Gegenwart und berücksichtigt dabei auch Aspekte der nahen Vergangenheit. Der Bewerber fokussiert sich dabei auf die Vergangenheit. Seine Kompetenz und seine Erfahrung bilden sich über die Vergangenheit ab. Sein Bild von sich selbst und seinen Möglichkeiten, sich an der neu zu besetzenden Stelle zu bewähren und damit seine Vorstellung von der Realität sind Lernergebnisse und Erfahrungen aus der Vergangenheit.[62] Die Zeitdimension bekommt somit gerade im Bewerbergespräch eine besondere Bedeutung, alle Zeiträume werden innerhalb nur eines Gespräches bewusst von den Akteuren verbunden.

Mit der rechtzeitigen Berücksichtigung des Aspekts der drei Sinndimensionen im Vorfeld der Planung von Bewerbungsgesprächen kann man sich ein besseres Gesamtbild vom Bewerber machen. So ist es möglich, dass man, trotz wenig begeisternder Bewerbungsunterlagen, nach dem persönlichen Gespräch von der Person und deren Fertigkeiten überzeugt ist, was im umgekehrten Fall auch für den Bewerber gilt. Den Sinndimensionen im Bewerbermanagement kommen auch deshalb eine besondere Bedeutung zu, da an diesem Prozess die unterschiedlichsten sozialen Subsysteme beteiligt sind, wie unter anderem das System Bewerber/Interviewer oder auch Mitarbeiter/Führungskräfte. Alle diese Elemente werden in ihrem Sinnverständnis und damit in ihrem Verhalten von ihren jeweiligen relevanten Umwelten beeinflusst. Das erkennt man dann in den spezifischen Vorstellungen bzw. Erfahrungen, welche wiederum die Gesprächsrichtung im Bewerbermanagement vorgibt. Der Prozess ist somit extrem komplex. Die Sinndimension und die dahinterstehende Kultur sind bei der Gestaltung der Kommunikation im Bewerbungsprozess besonders zu berücksichtigen, sonst kann kein Erfolg erzielt werden.[63]

---

[62] vgl. Arnold, 2012, S. 32.
[63] vgl. Riedel, 2015, S. 68ff.

4.3 Wie interagieren und kommunizieren soziale Systeme?

Die Auffassung von Kommunikation, wie sie heute immer noch weit verbreitet ist, geht davon aus, dass diese geradlinig vom Sender zum Empfänger läuft. Dies erscheint im heutigen Bewerbermanagement mit seinen komplexen Situationen und Anforderungen mehr als überholt. Diesem Modell liegt nämlich ein lineares „Ursache-Wirkungs-Schema" zugrunde, nach dem der Sender (Interviewer) im Gespräch dem Empfänger (Bewerber) eine Information übermittelt. Diese soll vom Empfänger sinngemäß verstanden (decodiert) und entsprechend beantwortet werden. Dabei wird nicht berücksichtigt, dass allein durch die Art der Formulierung seiner Frage, seine Gestik, die Mimik oder sein Verhalten der Sender die Antwort des Empfängers festlegen und beeinflussen kann. Beide bilden ein soziales System, in dem auch der Prozess der Kommunikation und Interaktion bestimmten Regeln unterliegt, die bestimmt werden durch das Weltbild beider Akteure sowie ihren Erfahrungen und Erwartungen, insbesondere dem kulturellen Hintergrund und den sozialen Systemen, denen beide angehören.[64] Die Beziehung zwischen Sender und Empfänger scheint also deterministisch zu sein.[65] Bei psychischen wie sozialen Systemen muss nicht alles, was der Sender äußert, vom Empfänger auch so verstanden werden. Vielleicht will er es überhaupt nicht so verstehen. Bei dem Arbeitgeber der Autorin ist die Unternehmenssprache Englisch. Es passiert durchaus, dass Gesagtes und Gemeintes erheblich differieren und völlig anders vom Empfänger aufgefasst wird, als es vom Sender geplant war. Damit kommt es leicht zu Fehlern im Ablauf von Prozessen. „Je nachdem, welche Bedeutung derjenige, der die gesprochenen Sätze hört, ihnen gibt, wird er sich auf die eine oder andere Weise verhalten."[66] Die „Macht" liegt nicht nur beim Sender, der den Empfänger zu einer bestimmten Reaktion zwingt. Auch der Empfänger hat die „Macht", Information des Senders so zu entschlüsseln wie es für seine Realität sinnvoll erscheint und dement-

---

[64] vgl. Riedel, 2015, S: 72.
[65] vgl. Simon, 2015a, 53.
[66] vgl. Simon, 2015a, S. 54.

sprechend zu reagieren. Dies muss man für die erfolgreiche Ausgestaltung des Bewerbermanagements mit dem Ziel der erfolgreichen Neubesetzung von Stellen im Auge behalten. Gerade im Bewerbungsmanagement, wo man mit mehreren Systemen – gleichzeitig oder nacheinander – kommuniziert, ist immer darauf zu achten, dass die gleiche Sprache gesprochen wird. Personalverantwortliche müssen die kommunikativen Unterschiede der beteiligten Subsysteme kennen und dementsprechend gestalten. Auch Art und Umfang der Kommunikation mit den Bewerbern erfordert unterschiedliche Gestaltung. Alle Akteure sollten sich immer bewusst machen, dass sie als Teil eines bestimmten Systems dieses immer auch in der Kommunikation beeinflussen können.

Soziale Systeme wie z. B. Unternehmen können ihre Existenz nur über die Kommunikation und der damit verbundenen Interaktion sichern und aufrechterhalten. Damit wird ein systemisch orientiertes Bewerbermanagement überlebenswichtig. Allerdings ist in letzter Zeit eine zunehmende Ichbezogenheit und Fokussierung auf die eigene Person festzustellen. Das Interesse am sozialen Umfeld des Einzelnen tritt immer weiter in den Hintergrund und die reine Faktenbezogenheit von Personen in den Vordergrund. Der Erfassung der Beziehungsebene, dem genauen Hinhören, was das Gegenüber sagt und wirklich meint, aber auch die Kulturbezogenheit in der Kommunikation wird weniger Bedeutung zugemessen. Allerdings wird erst ein Bewerbermanagement, welches sich aufwändig, zeitintensiv und auch kostspielig systemisch mit der Beziehungsebene auseinandersetzt, den richtigen Mitarbeiter zur richtigen Zeit für die richtige Stelle finden.

4.4 Das Problem der doppelten Kontingenz

Prinzipiell kann kein Mensch in sein Gegenüber hineinsehen und somit auch nicht dessen Reaktionen in bestimmten Situationen vorhersagen. Man weiß nicht, wie es wirklich im Anderen aussieht, was er denkt oder fühlt. Man nennt diese Unvorhersehbarkeit von Verhalten Kontingenz.[67] Schon das Anliegen, eine Stelle neu zu besetzen, kann z. B. bei der Geschäftsleitung zu den unterschiedlichsten, nicht vorhersehbaren Reaktionen führen: im einfachsten Fall von der Bewilligung und dem regulären Ablauf des Bewerbungsprozesses bis hin zur gegenteiligen Reaktion, dem Beginn einer Diskussion über die Höhe der Personalkosten und der Ablehnung der Neubesetzung. Allerdings können immer bestimmte Verhaltensweisen prinzipiell vorhergesagt werden, da die Akteure im Unternehmen eine gemeinsame, wenn auch sachbezogene Geschichte haben. Sie stellen sich somit aufeinander ein und koordinieren ihr Verhalten, womit das betriebliche Zusammenleben erst möglich und optimiert wird. Dennoch bleibt für alle Akteure in derselben Situation das Verhalten des anderen immer völlig ungewiss. Es liegt demzufolge „doppelte Kontingenz" vor.[68] Die Problematik der doppelten Kontingenz beim Bewerbermanagement kommt vor allem in der Beziehung zwischen Interviewer und Bewerber während des Bewerbergesprächs zum Ausdruck. Hier liegt eben keine gemeinsame Geschichte vor, man kann noch weniger vorhersagen, wie der andere reagiert. Die doppelte Kontingenz wird noch verstärkt, wenn bei der Auswahl von verschiedenen Bewerbern zusätzlich unterschiedliche Kultur- und Sprachkreise zu berücksichtigen sind. Der kommunikative Prozess muss in diesem Fall erst einmal synchronisiert werden. Die gemeinsame Verständigung über den Inhalt der Botschaften und deren richtige Dekodierung ist zu erreichen. Man läuft sonst Gefahr, dass die gesamte Kommunikation in die falsche Richtung läuft und man zu den falschen Schlussfolgerungen kommt. Im extremen Fall wird der geeignetste Bewerber abgelehnt.[69] Die Autorin hat dieses Problem als Personalleiterin selbst erfahren müssen. Zunächst gab ihr der aus dem Oman stammende Bewerber auf die Stelle als Business Intelligence Manager, einer „high-potential-position", nicht die Hand. Er hatte offensichtlich große Probleme, mit einer Frau über die geschäftlichen Angelegenheiten zu sprechen. Allgemeine

---

[67]   vgl. Simon, 2015b, S. 2.
[68]   vgl. Simon, 2015b, S. 3.
[69]   vgl. Riedel, 2015, S. 90f.

Fragen zu Teammotivation wurden noch flüssig beantwortet, bei persönlichen Aspekten wie z. B. seiner Selbstmotivation geriet der Bewerber ins Stocken. Das Gespräch verlor die Zielrichtung und der Eindruck wurde immer schlechter, weil der Interessent nicht wirklich übermitteln wollte oder konnte, wie er sich selbst motiviert. Er hinterließ sogar den Eindruck, Mitarbeiter für seine eigenen Fehler verantwortlich zu machen. Diese Antwort führte zunächst zu einer falschen Beurteilung seiner Person, weil der wichtige Aspekt seines Führungsverhaltens, nämlich, dass er mit seinem Team regelmäßig essengeht, nicht vermittelt wurde. Dieser Aspekt kam später von einem HR-Kollegen aus dem Oman. Der unterschiedliche kulturelle Background von beiden Akteuren führte in diesem Fall dazu, dass sehr unterschiedliche Erwartungshaltungen beim Gespräch in dieser Situation die Unsicherheit erhöhten. Beide suchten im Gespräch ihre eigenen Sinninhalte mit unterschiedlichen, von ihrer Kultur beeinflussten Deutungsmustern."[70] Das Problem der doppelten Kontingenz im Bereich des Bewerbermanagements wird durch den Aspekt der Berücksichtigung von kulturellen Unterschieden erheblich verstärkt. Demzufolge ist das bestehende System mit seiner Ansammlung von Faktenwissen und den Erfolgen des Bewerbers durch Aspekte eines systemischen Bewerbermanagements zu erweitern. So können Komplexität und Kontingenz einer Situation, die auf kulturellen Unterschieden basiert, durch den Einsatz z. B. zirkulärer Fragen erheblich reduziert werden.

4.5 Koppelung einzelner Akteure sowie mögliche Konflikte und deren Vermeidung

Die Problematik eines Konflikts basiert bei psychischen und sozialen Systemen darauf, dass man situativ gemeinsame vereinbarte Kontexte verlässt und sich mit der Frage nach dem Sinn der bestehenden Kommunikation, Interaktion und bestimmten Verhalten auseinandersetzen muss.[71] Bei psychischen Systemen begründen die eigenen Gedanken

---

[70] vgl. Riedel, 2015, S. 14f.
[71] vgl. Arnold, 2015a, S. 64f.

und die daraus entstehenden Handlungen den Konflikt. Der soziale Konflikt erfolgt meistens in der Fortsetzung eines psychischen.[72] Ein Konflikt im Bewerbermanagement kann sich beispielsweise schon aus geringen sachlichen Gründen ergeben. Ohne den Willen zur gemeinsamen Lösung wird er weiter eskalieren. Wertvolle Zeit im Bewerbungsprozess geht verloren und ein sachliches Problem wird auf eine persönliche Ebene verschoben. Da die verschiedenen Schritte im Bewerbermanagement parallel laufen, birgt jeder einzelne für sich die Gefahr, den Konflikt auch außerhalb des Unternehmens weiter eskalieren zu lassen. Der vertröstete potentielle neue Mitarbeiter steht nicht mehr zur Verfügung, weil er sich bereits für einen anderen Arbeitgeber entschieden hat. Dies schadet dem Image des Unternehmens. Viel Geld, Zeit und Energie wurden investiert, ohne die vakante Position zu besetzen. Von Professor Simon stammt hier die Hypothese, dass „Konflikte in der Verhinderung bzw. Blockierung von Entscheidungen bestehen oder auch in der Aufrechterhaltung eines Zustandes der Nichtentscheidung."[73] Ein Konflikt kann jedoch nur entstehen und aufrechterhalten werden, wenn die verschiedenen beteiligten Akteure, z. B. die Mitarbeiter, ihn sich selber immer wieder auf ihre eigene Art verinnerlichen. Folglich wird auch ein Konflikt im Bewerbermanagement über die Kommunikation der einzelnen Teilnehmer weitergetragen. Was kommuniziert wird, existiert und wird aufrechterhalten, und was im sozialen System nicht kommuniziert wird, kann demzufolge auch nicht existieren. Gleiches gilt für das Bestehen und Weiterführen eines Konfliktes. Wird folglich ein Konflikt kommuniziert, dann kann dieser – angelehnt an Glasl – über neun Stufen hin eskalieren. Auf die einzelnen Stufen geht die Verfasserin mit einem Beispiel aus dem Bewerbermanagement ein.[74]

1) Verhärtung (Standpunkte werden unnachgiebig vertreten): Der Betriebsrat fordert für den neuen Mitarbeiter eine höhere Tarifgruppe. Die Personalabteilung lehnt dies ab. Man besteht nachdrücklich auf dem eigenen Standpunkt.

---

[72] vgl. Simon, 2015c, S. 87.
[73] vgl. Simon, 2015c, S. 87f.
[74] vgl. Simon, 2015c, S. 101ff.

2) Debatte, Problematik (Taktiken: gegenseitige Abwertung): Der Betriebsrat behauptet, das Unternehmen zahle unter Tarif. Das Unternehmen antwortet, dass der Betriebsrat finanzielle Probleme verursacht. Der Konflikt verlagert sich auf eine allgemeine Ebene. Die Position des Gegners wird geschwächt.

3) Taten statt Worte (Betonung der nonverbalen Kommunikation): Man grüßt sich nicht mehr, andere Themen werden mitbeeinflusst und Unbeteiligte miteinbezogen. Die gesamte Arbeit des Betriebsrats und der Geschäftsführung wird in Frage gestellt. Die Eingruppierung ist als Thema des Konfliktes nicht mehr relevant.

4) Images und Koalitionen (Gerüchte streuen; negative Rollen provozieren): Mit nicht nachweisbaren Behauptungen werden neue Probleme initiiert. Ziel ist es, den vermeintlichen Kontrahenten verbal oder nonverbal zu schädigen.

5) Gesichtsverlust bei allen Beteiligten, auch bei unbeteiligten Mitarbeitern im Unternehmen, es leidet die Arbeitsproduktivität.

6) Drohstrategien, Erpressung (Drohungen und Gegendrohungen): Ziel ist es, in jedem Fall den Streit mit Drohungen zu gewinnen. Der Betriebsrat droht mit Gerichtsverfahren, die Unternehmensleitung mit der Kündigung des Tarifvertrags.

7) Begrenzte Vernichtungsschläge (als passende Antwort): Der Betriebsrat geht vor Gericht, das Unternehmen lässt über den Anwalt dem Betriebsratsvorsitzenden kündigen.

8) Zersplitterung, totale Zerstörung (Paralysieren und Desintegrieren des feindlichen Systems): Die Sachdimension der Auseinandersetzung ist völlig verlorengegangen. Das Unternehmen teilt sich in Anhänger des Betriebsrates und der Unternehmensleitung. Zielgerichtetes Arbeiten ist nicht mehr möglich, das Unternehmen akut in seinem Bestand gefährdet.

9) Gemeinsam in den Abgrund (totale Konfrontation): In England haben die Eskalationsstufen zwischen Gewerkschaften und den Geschäftsleitungen tatsächlich zum Untergang von Firmen in der Automobilindustrie geführt.

Ein Machtkampf wird von den Beteiligten immer dann einfach akzeptiert, wenn er sich auf Personen fokussieren kann. Eingespielte und vertraute falsche Verhaltensweisen können auf diese Weise leichter beibehalten werden und die Einsicht verhindern, diese zu verändern. Durch den Einsatz einer dritten „höheren" Macht, z. B. eines Mediators – einer Schlichtungsstelle –, die selbst in einer machtlosen Position ist, kann der Streit beigelegt werden.[75] Konflikte sind im sozialen System immer latent vorhanden. Ein systemisch orientiertes Bewerbermanagement versucht, diese zu vermeiden, indem die Beteiligten lernen, empathisch zu handeln, dem Gegenüber seine eigene Meinung zuzubilligen, bei Konflikten die eigene Person zurückzustecken und über die Selbstreflexion herauszufinden, was die eigentlichen Ursachen des Konfliktes sind.

4.6 Die Berücksichtigung von Bewerberkompetenzen

Man wird täglich über die Medien oder im Gespräch mit Kollegen mit dem Thema des „demografischen Wandels" konfrontiert. Auch im Bewerbermanagement spielt dieser eine große Rolle. Jüngere Menschen müssen sich mit einer längeren Lebensarbeitszeit auseinandersetzen. Einzige Ausnahme bilden nur die schwerbehinderten Beschäftigten, welche früher in Rente gehen können.[76]

Genau dieses Thema stellt Unternehmen vor große Herausforderungen. Das längere Berufsleben führt zu Veränderungen im Lernverhalten, insbesondere vor dem Hintergrund von Veränderungen im Medienbereich. Dies bedeutet aber auch, dass Mitarbeiter im Unternehmen eine eingehende Medienkompetenz vorweisen sollten, welche bei einem Gespräch der Autorin mit einer Produktionsmitarbeiterin eindeutig fehlte. Es drehte sich um deren Problem bei der Arbeit mit Computern. Die Maus hatte einen Defekt. Darauf angesprochen antwortete die Mitarbeiterin, dass es in ihrem Bereich keine Mäuse gäbe. Die Realität der älteren Mitarbeiterin identifizierte die Maus als tierisches Wesen, die jüngere Auto-

---

[75] vgl. Simon, 2015c, S. 107ff.
[76] vgl. Abb. 6.

rin kommunizierte aus ihrer Realität, in der mit der Maus der Cursor bewegt wird. Jede einzelne Generation nutzt die passenden und typischen Deutungsmuster. Der Schwerpunkt bei den Lernzielen im ablaufenden Industrie- und Informationszeitalter liegt auf der Vermittlung von Wissen und Qualifikation. Die Lernziele der „Terra Nova" – einer spezifischen Unternehmenswelt von Jay Cross – haben primär den Erwerb von Kompetenzen zum Ziel, Lernen und Arbeiten müssen verschmelzen. 70 % des Lernerfolges sollte aus dem Workplace Learning resultieren, hierbei subsumiert Cross auch Erfahrungs- oder Projektlernen. Er baut seine 10-20-70 %-Regel des betrieblichen Lernens auf diese Annahmen auf. Dies bedeutet, dass nur 20 % des Lernerfolgs auf Social Learning zurückzuführen sind und nur 10 % des Lernerfolges auf fremdgesteuertem Lernen basiert, was überwiegend immer noch in Schulen, Universitäten oder auch in Workshops passiert.[77] Der Erfolg an einem Arbeitsplatz – unabhängig von der Funktion und der entsprechenden Ebene im Unternehmen – hängt nicht mehr allein von den erworbenen Qualifikationen oder Abschlüssen ab. Vielmehr wird der Umfang der Kompetenzen, die man sich in der Vergangenheit erworben hat, die größte Rolle für den langfristigen Erfolg im Arbeitsleben spielen. Kompetenz bedeutet dabei nicht nur die Ansammlung von Fertigkeiten oder Wissen, sondern insbesondere auch die Fähigkeit, selbstbestimmt und nachhaltig Probleme am Arbeitsplatz zu lösen. Erfolgreicher Kompetenzaufbau bedingt die Orientierung der Lernkonzeptionen immer mehr an den strategischen Zielen der Unternehmen und an den Fähigkeiten der Mitarbeiter, Problemstellungen im Arbeitsprozess selbst zu organisieren und kreativ zu lösen.[78] Dies zu erreichen wird vornehmliche Aufgabe eines systemisch-orientierten Bewerbermanagements sein. Denn man muss sich die Frage stellen, was der potentielle neue Mitarbeiter an Kompetenzen, nicht allein an Wissen mitbringen muss und welche Potentiale er benötigt, damit er die Stelle zur Zufriedenheit aller ausfüllen kann? Während Wissen und Fertigkeiten die abrufbaren Handlungsalternativen einer Person im Arbeitsprozess sichern,

---

[77] vgl. Erpenbeck & Sauter, 2015, S: 10ff.
[78] vgl. Erpenbeck & Sauter, 2015, S: 33.

umfasst die Qualifikation die Potenziale an Fähigkeiten und das Vermögen, diese auch zu verwerten. Kompetenz beinhaltet darüber hinaus das Vermögen, selbstverantwortlich zu handeln (hierfür sind Regeln, Normen und Werte besonders wichtig). Mit den spezifischen Qualifikationen wird eigenverantwortlich umgegangen, und damit auch mit Wissen, Fertigkeiten und Fähigkeiten.[79] Das bedeutet im Bewerbermanagement, dass man schon zu Beginn des gesamten Prozesses über die tatsächlichen Kompetenzen der betreffenden Stelle genaue Vorstellungen haben muss. Hierbei hilft beispielsweise die PAFS-Gliederung von Kompetenzen, wobei PAFS für Personale, Aktivitäts-handlungsorientierte, Fachlich-methodische und Sozial-kommunikative Kompetenzen steht. In diesem Konzept gibt es vierundsechzig Kompetenzen, die allerdings auf maximal sechzehn eingegrenzt werden sollten. Ziel ist ein sogenanntes Soll-Profil.[80][81] Zuerst müssen sich alle Beteiligten Klarheit darüber verschaffen, welche nachhaltigen Kompetenzen eines potentiellen Mitarbeiters wirklich benötigt und gesucht werden. Erst dann kann man effektiv im Einzelnen darüber diskutieren und gegebenenfalls das Anforderungsprofil daran anpassen. Der passende Kandidat wird daraufhin auf Basis fundierter Fakten ausgewählt. Die Berücksichtigung systemischer Aspekte im Bewerbermanagement trägt somit dazu bei, dass das Unternehmen personell besser für die Zukunft gerüstet ist. Durch die Stärkung der Eigenverantwortung und Selbstständigkeit der Mitarbeiter, z. B. durch geeignete Führungsstile, nutzen diese ihre Potentiale. Der bestehende Mitarbeiterstamm sowie potentielle neue Mitarbeiter werden dann den sich permanent verändernden Ansprüchen an die Arbeit im Betrieb langfristig wirklich gerecht. Dadurch kommt man dem Ziel einer lernenden Organisation näher.

---

[79] vgl. Bode, 2014, S. 75.
[80] vgl. Abb. 7.
[81] vgl. Erpenbeck & Sauter, 2015, S: 88f.

5 Die Auswirkungen systemischer Einflüsse auf den Bewerberprozess

Nachdem die Voraussetzungen für die Einführung eines systemischen Bewerbermanagements erörtert worden sind, sollen in diesem Kapitel die Einflüsse systemischer Überlegungen auf den gesamten Bewerberprozess dargestellt werden.

5.1 Erforderliche Veränderungen der Selbstwahrnehmung des Recruiters

„Sei nicht zu sehr ein Sklave der Meinungen anderer von dir! Sei selbstständig! Was kümmert dich am Ende das Urteil der ganzen Welt, wenn du tust, was du sollst?"[82] Wirkliche Verhaltensänderungen erfolgen nur dann, wenn darin selbst ein Sinn erkannt wird. Eine notwendige Voraussetzung ist dabei die Selbstreflexion der betreffenden Person über ihr eigenes Verhalten. Demzufolge sollte die Personalleitung, welche das Bewerbermanagement systemisch ausrichten will, und jeder Personalverantwortliche mit gutem Beispiel vorangehen. Sie müssen sich der eigenen Person bewusstwerden und über sich selbst, ihre Einstellungen, ihre spezifischen Verhaltensweisen bzw. deren Ursache reflektieren. Jeder Mensch hat dabei seine eigenen, persönlichen und individuellen Vorstellungen von der Realität und jeder argumentiert sowie kommuniziert aus den Erfahrungen, die er in der Vergangenheit in bestimmten Situationen gemacht hat. Dabei sollte man sich an den Aussagen von Karl Valentin orientieren, dass „es so geht, aber es geht auch ganz anders!"[83] Diese Tatsache bedeutet aber ebenso, sich auch Fremden und deren Erfahrungen bzw. Meinungen gegenüber zu öffnen. Man darf nicht immer wieder an seinen eigenen Erfahrungen, beschränkt wie in einem Container, festhalten. „Je engagierter man bei einer Sache denkt und fühlt und je leidenschaftlicher man um etwas kämpft, desto wahr-

---

[82] vgl. Knigge, 2014, S. 18.
[83] vgl. Arnold, 2015a, S: 15.

scheinlicher ist es, dass dieser überwertige Einsatz in Wahrheit ein Verteidigungskampf ist."[84] Auch das Gegenüber im Bewerbermanagement hat das Recht auf eine eigene Meinung und der individuellen Darstellung seiner Realität. Demzufolge sind immer die eigenen Containertüren (Denkschemata) weit zu öffnen. Damit wird die Beschränkung aufgehoben, eigene Erfahrungen mit dieser neuen Umwelt – dem Bewerber – zu machen. Nur so kann Neues auch in einer neuen Perspektive betrachtet werden und der eigene Denkcontainer um neue Teile erweitert werden. Als Metapher könnte hier die MS Napoli dienen, die am 18. Januar 2007 vor Branscombe in Seenot geriet und vom Kapitän gezielt auf Grund gesetzt wurde, um ein Auseinanderbrechen des Schiffes zu vermeiden. Dabei verlor man am Strand einige Container.[85] Von Neugier getrieben schauten die Einwohner in die Container und plünderten den Inhalt.[86] Die Neugier und die Bereitschaft, sich mit etwas Neuem zu beschäftigen und sich darauf einzustellen, haben die Menschen auf ihre Weise „belohnt" So wie diese, sollte man sich auch im Bewerberprozess für Neues öffnen, um seinen eigenen Container mit neuen Visionen und Perspektiven zu füllen. Der Wechsel von Perspektiven erweist sich dabei in der Regel als der schwierigste Teil einer Verhaltensänderung. Tara Bennett-Goleman hat fünf Gewohnheiten gefiltert, mit denen Günther – der innere Schweinehund nach Stefan Frädricht – es immer wieder schafft, dass man in seinem gewohnten und dadurch auch „gemütlich-vertrauten" Container bleibt.

1) Selektive Wahrnehmung: Man sieht nur das, was in die eigene Realität passt.

2) Übergeneralisierung: Ein einziger Fehler steht gleich für alles und man suhlt sich im Unglück.

3) Gedankenlesen: Erklärungen zu einer Situation gelten immer als wahr, obwohl es auch ganz anders sein könnte.

4) Vorschnelle Schlussfolgerungen: Befürchtungen gelten als wahr, obwohl es keinerlei Beweise dafür gibt.

---

[84] vgl. Arnold, 2015a, S. 15.
[85] vgl. Abb. 8.
[86] vgl. Abb. 9.

5) Übertreiben: aus einer Mücke einen Elefanten machen.

Die oben angeführten Gründe sollten es einem leichter machen, über sich selbst zu reflektieren und sich für neue Themen zu öffnen. Die systemische Psychotherapie spricht hier von reframing, was allerdings sehr viel Disziplin erfordert. Man wendet immer wieder Stop-and-Think-Schleifen an, um sich und sein Handeln zu hinterfragen. Dabei öffnet man sich für Neues, wird sich alten Gewohnheiten bewusst und wirkt ihnen aktiv entgegen. Hierzu muss man sein persönliches Echolot neu überarbeiten.[87] Nur so kann ein Bewerbermanagement systemisch ausgerichtet und die Herausforderungen der Zukunft bewältigt werden. In diesem Zusammenhang möchte die Autorin darauf hinweisen, dass Schüler bereits in der Schulzeit immer wieder Bewerbertrainings durchlaufen, um sie mit standardisierten Verfahren auf Bewerbungsgespräche vorzubereiten. Hier wird dem potentiellen Bewerber eine Art Maske für Vorstellungsgespräche aufgesetzt. Im eigentlichen Gespräch kann man z. B. durch gezielt gesetzte falsche Fragen den Bewerber dazu bringen, seine Bewerbungsmaske fallen zu lassen. Er wird sich aber in seinen Container eingespielten Denkens zurückziehen. Hierbei werden nach Eckelt drei Arten des Rückzuges unterschieden: der Fight, Flight und der Freeze-Rückzug. Entweder, der Bewerber reagiert unangemessen aggressiv, er flieht mit einem Themenwechsel aus der Situation oder er bricht das Gespräch ab und friert es ein. Keine der Verhaltensweisen ist für das Bewerbergespräch tragbar. Eine andere Art des Container-Rückzuges wäre der Rückfall des Bewerbers in alte Verhaltensmuster aus früheren Stresssituationen. Unter Umständen zeigt er hier tatsächlich ein wenig von sich selbst (Kern-Selbst) und kann authentisch aus eigenen Erfahrungen und Erlebnissen berichten. Solche Kandidaten kommen im Bewerbungsprozess definitiv weiter.[88]

---

[87] vgl. Arnold, 2015a, S. 19.
[88] vgl. Eckelt, 2017, S. 132.

5.2 Systemisch bedingte organisatorische sowie personelle Voraussetzungen

Der Einsatz systemischer Prinzipien im unternehmerischen Bewerbermanagement ist nicht kurzfristig und ad-hoc realisierbar. Vor dem Einsatz von systemischen Überlegungen im betrieblichen Bewerbermanagement sind sowohl personelle wie organisatorische Vorbereitungen erforderlich. Die zentralen Elemente im sozialen System Unternehmen bilden die ablaufenden Kommunikationen und Aktionen im Rahmen von bestimmten Kontexten und unter der Voraussetzung der Sinnhaftigkeit für die Beteiligten.[89] Erst der Sinn einer Kommunikation führt dazu, dass es über die bestehende selektive Wahrnehmung des einzelnen Mitarbeiters zu einer Reduktion der Komplexität der Situation kommt und neue Strukturen im Denken und Handeln angelegt werden können.[90] In der betrieblichen Realität sind jedoch heute immer noch das Denken und Lösungsansätze in einfachen Ursache-Wirkungs-Zusammenhängen vorherrschend.[91] [92] Gerade in einer so komplexen Situation wie dem Bewerbermanagement auf einfach strukturierte Lösungswege und schematische Abläufe zurückgreifen zu wollen, wird zu suboptimalen Ergebnissen führen. Zusätzlich erschwerend kommt hinzu, dass jede betriebliche Entscheidung immer unter dem Aspekt der Unsicherheit getroffen werden muss.[93] Sie betrifft einerseits die Zukunft und andererseits erfolgt sie unter dem Aspekt der eigenen Erfahrung, der übernommenen Rollen und Aufgaben, des eigenen Weltbilds und der systemimmanenten Unternehmenskultur.[94] Demzufolge erfordert die Einführung eines systemisch orientierten Bewerbermanagements die Abkehr von den immer noch vorherrschenden Organisationsformen wie z. B. dem Liniensystem, welches auf einem funktionalen

---

89 vgl. Simon, 2015c, S. 34ff.
90 vgl. Simon, 2015b, S. 57.
91 vgl. Kolbeck & Rabbe, 2013, S. 23ff.
92 vgl. Simon, 2015b, S. 16f.
93 vgl. Bröckermann, 2007, S. 152.
94 vgl. Simon, 2015c, S. 66ff.

Ordnungssystem basiert und die ablaufenden Prozesse nicht berücksichtigt. Zusätzlich erschwerend kommt hinzu, dass dem einzelnen Mitarbeiter im Team eine erhebliche Bedeutung zukommt, da er auf die Arbeit und den Erfolg der Gruppe erheblichen Einfluss nehmen kann. Aus Sicht der Gesamtorganisation ist seine Bedeutung eher unerheblich, da er austauschbar ist. Demzufolge muss das Bewerbermanagement sich insbesondere an der Gruppe, dem Team und den Führungskräften ausrichten. Langfristig erfordert ein systemisch orientiertes Bewerbermanagement auch eine Unternehmenskultur, in der Empathie, eine prozessorientierte Organisation und ein lernorientierter Führungsstil vorherrscht, der dem Mitarbeiter Raum zur Selbstreflexion und zu Entwicklung von Kompetenzen lässt.[95] Dies kann jedoch nur über einen langfristig angelegten Organisationsumbau und der Veränderungen der Mitarbeiter und der Führungskräfte in ihrer Einstellung erreicht werden. Kurzfristig werden nur einzelne systemische Aspekte umgesetzt werden können. Der Einsatz von zirkulären Fragen im Bewerbergespräch trägt dazu bei, den wirklichen Background des jeweiligen Bewerbers effektiver zu hinterfragen und hinter die Fassade eines erwarteten bzw. rituellen Verhaltens des Bewerbers zu schauen, denn in der Regel wird ein schematischer Ablauf im Bewerbermanagement erwartet. Es wäre der erste Versuch, die Komplexität der Situation auf beiden Seiten mit kleinen Schritten zu reduzieren. Ein systemisch-orientiertes Bewerbermanagement erfordert nicht nur langfristig eine Veränderung in den Organisationsstrukturen eines Unternehmens, es muss insbesondere bei den Führungskräften, ihren Führungsstilen und dem betreffenden Team ansetzen, für das ein neuer Mitarbeiter gesucht wird. Ein autoritärer Führungsstil, bei dem Mitarbeiter nicht agieren, sondern nur reagieren oder ausweichen, wird bei einem systemisch orientierten Bewerbermanagement eher kontraproduktiv sein. Ein kooperativer Führungsstil, der den Teammitgliedern Empathie entgegenbringt, das Recht zur eigenen Meinung fördert und der die Eigenverantwortung unterstützt,

---

[95] vgl. Simon, 2015c, S. 76f.

ist hier eher angebracht[96] Die Führungskraft trägt mit ihrem selbstreflektierenden Verhalten dazu bei, das Potential der Mitarbeiter zu fördern. Sie ist bereit, Fehler einzugestehen und sich selbst in der Bedeutung zurückzunehmen. Hier kommt dem Bewerbermanagement besondere Bedeutung zu, denn der neue Mitarbeiter muss in eine derart geprägte systemisch orientierte Gruppe mit seinem Selbstverständnis, seiner Fähigkeit zur Selbstreflexion und seiner Einstellung zu einer arbeitsorientierten Entwicklung der eigenen Kompetenz passen. Ein systemisch orientiertes Bewerbermanagement kann ein erster Schritt zu einer Form organisationalen Lernens sein. [97]

5.3 Die Veränderung der internen und externen Stellenausschreibung

In diesem Kapitel wird die Bedeutung von interner und externer Stellenausschreibung erläutert, da diese erhebliche Auswirkungen auf ein systemisch geprägtes Bewerbermanagement haben. Im Unterschied zu der Stellenbeschreibung fehlen in der Stellenausschreibung normalerweise die Gehaltsangaben, die Einarbeitungszeit oder die Handlungs- und Entscheidungsspielräume. Oft wird auch nur Lebenslauf und ggf. ein Motivationsschreiben gefordert. Die interne Stellenausschreibung wird nur innerhalb der Firma veröffentlicht, um den eigenen Mitarbeitern die Chance zu geben, sich bevorzugt vor potentiellen externen Interessenten auf eine Stelle zu bewerben. Es handelt sich hierbei um eine Art aktiver Personalentwicklung, die auch vom Betriebsrat unterstützt wird. Es besteht jedoch keinerlei Recht auf Bevorzugung, da dies nicht AGG-konform wäre. Stellenausschreibungen im herkömmlichen Sinne stellen die Arbeitsplatzanforderungen in den Vordergrund und nicht unbedingt die Kompetenzen und Fähigkeiten des Stelleninhabers. Außerdem wird in vielen Fällen den vermeintlich erforderlichen Qualifikationsnachweisen wie z. B. einer Promotion ein höherer Stellenwert beigemessen. Sollen bei internen Stellenbeschreibungen systemische

---

[96] vgl. Krusche, 2013, S: 37ff.
[97] vgl. Grote, Erhard, & Lauer, 2014, S: 67ff.

Grundüberlegungen bei der Erarbeitung miteinfließen, dann muss man schon lange vor dem Entstehen des spezifischen Personalbedarfs das gesamte Bewerbermanagement auf die Berücksichtigung dieser Aspekte umstellen. Nur so kann das Potential von Mitarbeitern rechtzeitig erkannt und gefördert werden. Eine systemisch geprägte Stellenausschreibung berücksichtigt die Besonderheiten des Prozessablaufs sozialer Systeme, welche auf die Leistungsfähigkeit der Mitarbeiter erheblichen Einfluss haben.[98] Doch mit der internen Stellenausschreibung sind auch Probleme verbunden. Mit einer internen Besetzung wird an einer anderen Stelle im Unternehmen ein neuer Personalbedarf entstehen. Dies führt dann dort wiederum zu einer Mehrbelastung der Mitarbeiter und zu einer neuen internen Stellenausschreibung – vermutlich mit den gleichen Problemen.[99] Man dreht sich im Kreis und sollte sich deshalb genau überlegen, bei welcher Position ein solches Vorgehen Sinn macht und ob bzw. inwieweit hier der Ansatz der Systemik bessere Informationen über die zur Auswahl stehenden Personen zur Verfügung stellen kann. Hier werden langfristig weitaus mehr personengebundene Aspekte zu berücksichtigen sein. So hat sich das Unternehmen der Verfasserin ansatzweise für eine systemisch geprägte Bewerberauswahl entschieden, als es nach einem Market Intelligence Analyst suchte. Unter Market Intelligence sind Informationen über die relevanten Märkte des Unternehmens zu verstehen, um damit Strategien in den Bereichen Marktchancen, -durchdringung und -entwicklung zielgerichteter treffen zu können. Statt einen externen Bewerber zu nehmen, hat sich das Unternehmen bewusst für einen internen Mitarbeiter entschieden, der schon lange als Product Marketing Teamleader arbeitete. Dieser konnte sich durch sein Vorwissen schneller in die Marktumgebung und deren Analysen hineinversetzen. Außerdem lagen in diesem Fall weitere personengebundene Informationen und sein persönlicher Bezug zum sozialen System „Unternehmen" vor. Das Gesamtbild machte für die Personalverantwortlichen einen Sinn. Durch die neue Form der Stellenbeschreibung mit systemischem Bezug erschien es zielführend, die Stelle

---

[98] Vgl. Simon, 2015b, S: 15ff.
[99] vgl. Bode, 2014, S. 43.

mit einem Teamleiter statt mit einem Analysten zu besetzen. Die Perspektive auf die anstehenden Probleme, deren Lösungsansätze und die Zielerreichung wurde geändert und der übliche Tunnelblick vermieden. Bei diesem kommt man immer wieder zu den gleichen Überlegungen und es werden keine wirklich neuen Lösungen realisiert.[100] Ein erfreulicher Nebeneffekt war, dass durch die Maßnahmen die Personalentwicklung aktiv betrieben wurde. Mit den damit verbundenen Wirkungen, der Eröffnung von Karriere- oder Qualifikationswegen oder in Aussicht gestellten Höhergruppierungen, wird auch dazu beigetragen, leistungsstarkes Personal an den Betrieb zu binden.[101] Die interne Stellenausschreibung ist als Gelegenheit zusehen, z. B. via E-Mail Mitarbeiter personalisiert anzusprechen. Höherwertig wäre es, in einem Personalgespräch – face-to-face und systemisch ausgelegt – den geeigneten Mitarbeiter zur Selbstreflexion über seine Eignung für eine höherwertige Stelle anzuregen, um ihn zu der Bewerbung zu ermutigen.

Die externe Stellenausschreibung beinhaltet prinzipiell die gleichen Informationen wie auch die interne. Allerdings soll hier in erster Linie das positive Gesamtbild vom Unternehmen in den Vordergrund gestellt werden, um dem externen Bewerber einen guten Eindruck vom Gesamtunternehmen zu verschaffen. Neben den üblichen Unterlagen wie z. B. dem aktuellen Lebenslauf, dem Anschreiben oder den Zeugnissen wird die Angabe des frühestmöglichen Eintritts und der Gehaltsvorstellung verlangt. Der betriebliche Kontext hat bei der internen Stellenausschreibung keine Bedeutung, er ist dem internen Bewerber bekannt. Bei den externen Stellenausschreibungen fällt ihm ein erheblich größerer Wert zu. Weder das Unternehmen weiß, welche Kompetenzen der Bewerber wirklich mitbringt, noch der Bewerber kann abschätzen, ob und inwieweit er für die Stelle wirklich passt. Der Fokus in der Arbeits-, aber auch der Lernwelt verlagert sich aufgrund der Globalisierung stetig von der reinen Ausführung von Tätigkeiten hin zur Erarbeitung von neuen Problemlösungen und Innovationen.[102] Dementsprechend sind

---

[100] vgl. Arnold, 2015b, S. 38ff.
[101] vgl. Bode, 2014, S. 43.
[102] vgl. Erpenbeck & Sauter, 2015, S: 11.

schon bei der Ausarbeitung der externen Stellenbeschreibung systemische Aspekte wie z. B. Empathie und Selbstreflexion mit zu berücksichtigen. Auch muss man vermitteln können, dass die Arbeits- und die Lernwelt einen ganzheitlichen Charakter und für das Unternehmen eine hohe Bedeutung haben. Dies muss dem Bewerber bewusst gemacht werden, denn sie beeinflussen seine persönliche Haltung zur Arbeit und setzen ein hohes Maß an Eigeninitiative voraus. Nicht das Wissen und die Qualifikation stehen im Vordergrund, sondern insbesondere die anwendbaren Kompetenzen, um aktuelle und zukünftige Herausforderungen zu meistern.[103] Daher sind Ausschreibungen in Job-Börsen wie Monster oder StepStone nur dann erfolgreich, wenn sie bei der Beschreibung der Arbeitsplätze auf diesen Umstand Rücksicht nehmen. Der „war-of-talents" zwingt Unternehmen darüber hinaus, sich initiativ auf Suche nach multivariaten Kompetenzen zu begeben, um den passenden Bewerber zu finden. Die Bedeutung einer systemisch-orientierten Stellenausschreibung wird somit noch zunehmen, denn hier wird es möglich, die Zukunftsfähigkeit des Unternehmens hervorzuheben. Der Fokus wird sich zukünftig mehr in Richtung der Entwicklung von betrieblichen und zwischenmenschlichen Kompetenzen bewegen müssen. Da Ausbildung, Studium und teilweise sogar Berufserfahrung sehr allgemeinen Normen unterliegen und formale Qualifikationen zum Ziel haben, müssen sich moderne und systemische Stellenausschreibungen eher den Fragen widmen, ob ein neuer Bewerber in das Team passt, welche charakterlichen Eigenschaften er mitbringt und insbesondere, ob und inwieweit er zu einer Selbstreflexion bereit und in der Lage ist, um zu situativen Problemlösungen kreativ beitragen zu können. Damit kann man dem Ziel, im Unternehmen über organisationales Lernen lifelong learning zu erreichen, ein Stück näher kommen.[104]

---

[103] vgl. Erpenbeck & Sauter, 2015, S. 101ff.
[104] vgl. Grote, Erhard, & Lauer, 2014, S: 55ff.

5.4 Auswirkungen der systemischen Sprache und der systemischen Fragestellung

Soziale Systeme wie z. B. Unternehmen leben über ihre systemimmanente Kommunikation und Interaktion. Dabei bilden sie über die einzelnen Elemente – alle Mitarbeiter und Führungskräfte – ihre jeweils eigene subjektive Realität ab.[105] Ein Unternehmen verhält sich immer auf Basis seiner eigenen Strukturen und Prozesse, die zwar determiniert, aber von außen zumindest beeinflussbar sind. Beabsichtigte Veränderungen führen folglich zu Störungen im Status quo, auf die das System, die Unternehmung oder das Team erst einmal mit Ablehnung reagieren.[106] Das Bewerbermanagement ist eine solche Störung und führt in der Regel zu positiven, aber unter Umständen auch zu negativen Reaktionen. Wichtigstes Stilmittel des Bewerbermanagements ist dabei die Sprache. Das einfache Sender-Empfänger-Prinzip kann dabei nicht mehr funktionieren, da es bei einem Bewerber um mehr geht als um die rein sachlichen Informationen. Diese liegen schriftlich in Form der Bewerbungsunterlagen vor. Es geht um die Person hinter den Worten und ihre Eignung sowie ihre Kompetenz für den betrieblichen Arbeitsplatz. Eine effektive Kommunikation kann folglich nur dann ablaufen, wenn Sender (Bewerber) und Empfänger (Personalverantwortlicher) der gesprochenen Botschaft die gleiche Bedeutung zuweisen, den gleichen Sinn erkennen.[107] Eine funktionierende Sprache ist notwendige Bedingung für den erfolgreichen Verlauf des Bewerbermanagements. Der Personalverantwortliche muss sich schon frühzeitig Gedanken über den richtigen Einsatz der Sprache und insbesondere dem zielgerichteten Zuhören machen. Ansonsten werden entsprechende Fehlentscheidungen getroffen, da subjektive und nicht deckungsgleiche Informationen als wahr angenommen und als Realität verstanden werden. Bewerber wie Entscheider nehmen nämlich die Welt/Realität subjektiv so wahr, wie sie sich selbst in der Vergangenheit durch ihre Überzeugung gestaltet

---

[105] vgl. Simon, 2015a, S. 40ff.
[106] vgl. Simon, 2015a, S. 46ff.
[107] vgl. Simon, 2015a, S. 55.

bzw. gebildet haben.[108] Demzufolge kommt, neben dem systemisch bewusst geprägten Einsatz von Sprache und Zuhören im Bewerbermanagement, insbesondere der Fragetechnik und der positiven Gestaltung der Gesprächssituation eine besondere Bedeutung zu. Nur so wird es möglich, eine ehrliche, weil notwendige Beziehung zum Gegenüber aufzubauen. Das Bild, welches man von sich selbst und dem Gegenüber hat, bestimmt die Art und den Umfang der Beziehung und der Gesprächsführung, die für den weiteren zielgerichteten Bewerbungsprozess unabdinglich ist.[109] Systemische Fragen bedeuten hier, dass man das Wort-Bedeutungs-Geflecht einer Person verstehen will, um so eventuell damit verbundene (Vor-)Urteile oder Pauschalisierungen thematisieren zu können.[110] Ein Bewerbungsgespräch wird definiert als persönliches Gespräch zwischen Vertretern des Unternehmens und dem Bewerber, mit dem Ziel, eine Entscheidung über die Besetzung der ausgeschriebenen Stelle treffen zu können.[111] Die Vorauswahl für die Gespräche trifft, nach der Prüfung der Unterlagen und der Rahmenbedingungen, die Personalabteilung mit der Fachabteilung. In dem Unternehmen der Verfasserin wird ein Kandidat beispielsweise für einen gesamten Tag eingeladen. Sowohl die Fachabteilung, die Personalabteilung, aber auch die Abteilungen, welche in einer dotted line – der direkten Linie – zu der zu besetzenden Stelle stehen, sprechen mit dem Kandidaten. Nur, wenn eine Mehrheit sich für den Kandidaten ausspricht, kommt es am Ende des Tages zu einem Vertrag. Die Bedeutung der Bewerbungsgespräche liegt darin, dass der persönliche Eindruck vom Bewerber zumeist aussagekräftiger ist als seine schriftlichen Unterlagen. Da jede Arbeitsbeziehung auch eine soziale Beziehung ist, wirkt dieses Argument überzeugend.[112] Demzufolge muss vieles, was über den systemischen Beziehungsaufbau erörtert wurde, schon für die Teilnehmer dieses Gesprächskreises bereits Anwendung gefunden haben.

---

[108] vgl. Krizanits, 2013, S: 32f.
[109] vgl. Krizanits, 2013, S. 7f.
[110] vgl. Patrzek, 2017, S. 45.
[111] vgl. Bode, 2014, S: 47.
[112] vgl. Bode, 2014, S. 47.

Das Bewerbungsgespräch verläuft dabei in vier Phasen: dem Small Talk, den Erklärungen zum Lebenslauf, den vertiefenden Nachfragen hierzu und den persönlichen Nachfragen des Bewerbers. Diese Phasen sind heute in der Regel gelebte Praxis. Der Ansatz der Systemik sollte jedoch in Zukunft einen breiteren Raum einnehmen, damit Unternehmen weiterhin wettbewerbsfähig bleiben.

Phase eins soll dem Bewerber helfen, sich zu entspannen und dazu beitragen, die Aufregung – die normalerweise jeder Bewerber verspürt – zu reduzieren. Neben den üblichen Fragen wie nach der Anreise könnte man hier schon mehr in die Systemik einsteigen und dem Bewerber eine Frage darüber stellen, wie er sich fühlt. Fraglich ist, ob ein Bewerber in dieser Situation wirklich ehrlich antwortet oder ob er nicht viel eher aus reiner Höflichkeit „gut" antworten würde. Sind alle Entscheidungsträger im Raum, sollten diese sich kurz vorstellen, damit der Bewerber weiß, wem gegenüber er reine Informationen geben und wem gegenüber er sich rechtfertigen muss. Auch dies trägt zur Entspannung bei.

Dann beginnt Phase zwei, welche oft mit der Frage „Warum haben Sie sich bei uns beworben?" beginnt. Man sollte in dieser Phase allerdings eine Warum-Frage vermeiden. Diese Fragestellungen zwingen den Bewerber dazu, schon direkt zu Beginn auch Erklärungen bzw. Rechtfertigungen zu liefern.[113] Es wäre hier empfehlenswerter, mit einer offenen Einstiegsfrage zu beginnen, beispielsweise: „Erzählen Sie mir doch ihren Lebenslauf in eigenen Worten!" Diese freie Erzählweise soll dem Kandidaten helfen, etwas mehr auf Augenhöhe mit dem Interviewer zu sprechen, da er das Wort erhält und somit auch die Richtung des Gesprächs bestimmen kann. Zum anderen kann der Interviewer durch die Erzählart, durch Themen, die der Bewerber hervorhebt oder aber auch auslässt, viele zusätzliche Informationen gewinnen, die man nicht durch das Lesen des Lebenslaufes allein erfährt. Hier sind möglichst viele Notizen und ein kontinuierliches Nachfragen vom Interviewer erforderlich, um einen guten Überblick sowie Unterlagen für die abschließende Beurteilung im internen Kreis zu erhalten.

---

[113] vgl. Krizanits, 2013, S: 90.

Nach den fachlichen Erklärungen des Bewerbers folgt Phase drei. Mit zirkulären Fragen kann der Interviewer jetzt offene Fragepunkte klären, z. B.: „Wie würden Ihre Freunde erklären, dass Sie nach der Universität erstmal zwei Jahre keine Anstellung gefunden haben?" oder „Welche Ihrer Eigenschaften würde Ihre Lebensgefährtin hervorheben, damit Sie diesen Job bekommen?". Diese Fragen dienen dazu, dass dieser anfängt, „ums Eck" zu denken und Denkperspektiven einer anderen Person zu übernehmen. „Zirkuläre Fragen im engen Sinne fragen nicht die Person direkt nach ihren Erlebnissen und inneren Zuständen, sondern wählen den Umweg eines Fremdbeobachtens, der ihre Aussage quasi spiegelt."[114] Man erkennt Kommunikationsmuster beim Bewerber. Neben diesen spezifischen gibt es sehr viele andere zirkuläre Fragetypen für Vorstellungsgespräche, z. B. die multiperspektivischen oder die Fragen nach Problemlösungen.[115] Während diese Art der Fragen noch recht selten in Bewerbungsgesprächen vorkommt, finden beispielsweise die explorierenden Fragen – die fünf W-Fragen (Wer, Wo, Wann, Was, Wie) – auch jetzt schon standardmäßig im Bewerbungsgespräch ihre Anwendung. Beispielsweise die Frage: „Wie kamen Sie von Ihrer Ausbildung Industriekauffrau dazu, sich auf Einkauf zu spezialisieren und nicht auf Finanzen oder Verkauf?" Anhand der Beispiele zeigt sich, wie offen die W-Fragen sind. Mit ihnen erhält man sowohl im fachlichen als auch zwischenmenschlichen Sinne viele Informationen, aber auch Bewertungen und Interpretationen.[116]. Gerade, um die Teamfähigkeit eines potentiell neuen Mitarbeiters zu ermitteln, eignet sich beispielsweise die multiperspektivische Frage. Sie zeigt, ob ein Bewerber auch andere Sichten als seine eigene einnehmen kann und wie er sich selbst aus dem Blickwinkel anderer sieht. Hier kann beispielsweise gefragt werden: „Wenn ich Ihre jetzigen Kollegen fragen würde, was würden diese mir als Ihre größte Schwäche nennen?".[117] Auch Skalierungsfra-

---

[114] vgl. Krizanits, 2013, S. 84.
[115] vgl. Krizanits, 2013, S. 101ff.
[116] vgl. Krizanits, 2013, S. 91.
[117] vgl. Krizanits, 2013, S: 95.

gen können in diesem Zusammenhang angewendet werden. Skalierungsfragen führen den Befragten von der Beschreibungsebene zu der höheren Bewertungsebene.[118] Beispielsweise könnte die Frage lauten: „Auf einer Skala von 1 bis 10, wobei 1 herausragend und 10 sehr schlecht ist, wo würden Sie Ihre Vertriebsstärke einordnen?" oder auch „Wenn Sie Schulnoten vergeben müssten, wo befindet sich Ihr Englisch-Sprachlevel?". Hier erfährt der Gesprächspartner Wertschätzung, persönliche Zuwendung und kann eine situative Bewertung abgeben, ohne sein Gesicht zu verlieren. Von der Position abhängig sind Fragen nach Problemlösungen, bei denen ein Problem künstlich erzeugt wird. Die Frage zielt darauf ab, ob und inwieweit der Bewerber das Problem spontan lösen kann.[119] Beispielsweise: „Wir haben Sie eingestellt und Sie sind Teamleiter im Einkaufsteam geworden. Ihre Mitarbeiter sind alle gut 20 Jahre älter als Sie. Wie würden Sie die Ängste Ihrer neuen Mitarbeiter beschwichtigen, dass Sie alles verändern werden, was die letzten Jahre gut funktioniert hat?" Diese Fragestellung fokussiert zum einen den Bewerber auf ein möglicherweise tatsächlich auftretendes Problem und es wird zum anderen versucht, eine realistische Lösung zu generieren. Dies hilft, die Gedankengänge des Bewerbers zu verstehen. Auch Klassifikationsfragen können im Bewerbungsgespräch angewandt werden, da dieser Fragetypus über unterschiedlichen Sichtweisen bestimmte Beziehungen herausarbeitet.[120] Eine beliebte Frage für potentiell neue Führungskräfte wäre beispielsweise: „Wenn Sie an Ihr jetziges Team denken, welcher Mitarbeiter benötigt ihr Feedback am dringendsten und wer am wenigsten, woran machen Sie dies fest?". Abhängig von der Position und dem bisherigen Verlauf des Gespräches greifen Personalverantwortliche auch gerne auf sogenannte Stressfragen zurück. Hierbei handelt es sich um Fragen, mit denen ein Bewerber im Normalfall nicht rechnet und die eigentlich nicht beantwortet werden können, beispielsweise: „Wie viele Tennisbälle passen in einen Airbus 380?" Diese Fragen zielen nicht auf eine richtige Antwort ab, sondern

---

[118] vgl. Krizanits, 2013, S. 101.
[119] vgl. Krizanits, 2013, S. 107.
[120] vgl. Von Schlippe & Schweitzer, 2014, S: 46.

sollen zum einen feststellen, wie der Bewerber prinzipiell mit unerwarteten – und daher zumeist stressigen – Situationen umgehen kann und wie er sich an vermeintliche Lösungen herantastet. Geht er systematisch und logisch mit spezifischen Berechnungen vor oder hört der Bewerber auf sein Bauchgefühl und sagt einfach eine Zahl ohne weitere Erklärungen. Hier ist der Weg das Ziel, nicht die korrekte Antwort.

Dann folgt die vierte und letzte Phase. Hier erkundigt sich der Bewerber aktiv nach Dingen, die für ihn persönlich von Bedeutung, aber noch ungeklärt sind. Meist werden Rückfragen zur Stelle gemacht, offene Punkte über das Unternehmen geklärt oder aber auch kritische Punkte hinterfragt, z. B., welche Bedeutung die Verlagerung der Produktion für die zu besetzende Stelle hat. Dies zeigt dem Unternehmen, wie intensiv sich der Interessent auf das Gespräch vorbereitet hat, welches Wissen er von dem Unternehmen hat und letztlich auch, wie wichtig ihm die zukünftige Stelle ist. Hier werden keine systemisch-orientierten Fragen erwartet. Allerdings kann hier der Interviewer trotzdem versuchen, systemisch zu antworten bzw. für das weitere Gespräch systemische Impulse zu setzen und die systemische Sprache zu benutzen. In diesem Zusammenhang kommt den Pausen innerhalb eines Gespräches besondere Bedeutung zu. Sie erlauben es zum einem dem Bewerber, noch einmal über seine Angaben und Einstellungen zu reflektieren, aber andererseits auch dem Interviewer, eine Außenperspektive auf den Ablauf einzunehmen und seine eigenen Kommunikationsmuster zu überprüfen.[121] Nach dem Bewerbungsgespräch wird häufig versucht, eine quantifizierbare Bewertung der Gespräche bei allen Akteuren zu erreichen. Nach dem Grundgedanken der Systemik kann es aber eine allgemeingültige Objektivität nicht geben. Von Vorteil wäre es, die verbalen Äußerungen unbedingt zu protokollieren und mit den anderen beteiligten Kollegen zu diskutieren, um die persönlichen Eindrücke den anderen verständlich zu machen. Natürlich muss es eine gewisse Quantifi-

---

[121] vgl. Kindl-Beilfuß, 2012, S: 77f.

zierung der Ergebnisse geben, z. B. die Themengebiete, in die der Bewerber noch eingearbeitet werden muss. Damit wird vermieden, dass
jeder von unterschiedlichen Eindrücken berichtet.

Es ist am Ende dieses Kapitels noch darauf zu verweisen, dass es auch
sogenannte verbotene Fragen gibt. Diese unzulässigen Fragen muss der
Bewerber auch nicht wahrheitsgetreu beantworten und ebenso nicht
mit rechtlichen Konsequenzen rechnen.[122] Fragen nach Familienpla-
nung, Sexualität oder Krankheiten sind nicht AGG-konform, es sei denn,
sie stehen im direkten Zusammenhang mit der beruflichen Tätigkeit
und bergen Gefahren für beeinträchtigte Menschen. So dürfen Mitarbeiter mit Herzschrittmacher nicht in Arbeitsbereichen mit Magnetfel-
dern arbeiten.[123]

5.5 Wie verändert sich das Bewerbungsgespräch unter einer systemischen Herangehensweise?

Jedes Bewerbungsgespräch versucht üblicherweise, möglichst viele Details über den Bewerber zu erfahren und die wirkliche Person kennenzulernen, die sich in der Regel hinter den formellen und eingeübten Antworten versteckt hält. Hierzu werden im Internet viele Tipps gegeben,
mit denen der Bewerber diese Art der Fragen geschickt umgehen will
und hofft, dabei trotzdem glaubwürdig zu bleiben.

Medium hierbei ist die Sprache, die Menschen verbindet, aber auch
gleichzeitig einschränkt. Jeder einzelne Bewerber zeigt durch seine Art
zu sprechen, welche Weltanschauung bzw. welche Überzeugung er ver-
tritt. Diese können aber auch einfach von anderen übernommen und
reproduziert worden sein. Außerdem zeigt die Sprache, welchen sozialen Systemen der Bewerber angehört und wie diese sein Verhalten beeinflusst haben. Wenn der Bewerber zum Beispiel aufgrund eines Ge-
nerationenkonfliktes oder seiner Zugehörigkeit zu einer dem Interviewer völlig fremden Welt eine andere Ausdrucksweise hat, bildet diese

---

[122] vgl. Radler, 2009, S: 74.
[123] vgl. Achouri, 2007, S: 10.

eine unsichtbare Barriere. Die Folge ist unter Umständen die Aussortierung der Bewerbung, nur weil sich beide nicht verstanden haben. Hat man allerdings erst einmal gelernt, eine systemisch-konstruktivistische Sprache anzuwenden, dann wird sich auch das spezifische eigene Denken, Fühlen und Handeln und die Einstellung anderer gegenüber sowie die Vorstellung über deren Art zu denken, zu fühlen und zu handeln, verändern. Eine systemisch geprägte Sprache bedarf der Einhaltung der folgenden fünf Lektionen:[124]

1) Vorwurfvolle Aussagen im Bewerbungsgespräch wie z. B. „Es ist unmöglich, 30 Minuten zu spät zu erscheinen!" sind positiv umzuformulieren, z. B. in „Ich empfinde es als nicht in Ordnung, wenn Sie 30 Minuten zu spät kommen und sich nicht melden." Der erste Satz verengt den Kommunikationsstrang zu sehr und führt unter Umständen zum Erliegen weiterer Kommunikation, wohingegen die letzte Aussage das Gespräch weder einengt abwürgt.

2) Der Interviewer sollte dem Bewerber nicht seinen Blickpunkt aufzwingen oder das Gefühl vermitteln, dass nur seine eigene Realität wahrhaftig oder objektiv sei.

3) Auch die Begrifflichkeiten wie „müssen" oder lineare Kausalitäten wie „wenn...dann" sind zu vermeiden, da sie dem anderen die eigene Realität aufzwingen.

4) Verallgemeinerungen wie „Das ist doch allgemein bekannt" brechen eine Kommunikation ab. Einer allgemeinen Gültigkeit kann ein Bewerber nicht widersprechen.

5) Der Interviewer sollte auch nicht als „Ober-Lehrer" agieren und Aussagen wie z. B. „Das hätten Sie aber wissen können" vermeiden.

Ein systemisch orientiertes Bewerbungsgespräch bietet folglich die Chance, mehr über den Bewerber zu erfahren. Die zumindest teilweise Verstörung seines Weltbildes schon in dieser Phase kann eine Selbstre-

---

[124] vgl. Arnold, 2012, S. 29ff.

flexion anregen, welche hilft, die eigentliche Persönlichkeit des Bewerbers, ihre langfristige Eignung für das Team und der Unternehmenskultur zu erkennen. Über die nachgewiesenen Qualifikationen hinaus werden die erforderlichen Kompetenzen offen gelegt.

5.6 Kann es ein systemisches Assessment-Center geben?

Bei Konzernen ist die Anwendung von Assessment-Center weit verbreitet, in mittelständischen Unternehmen hingegen in der Regel erst dann, wenn man sich nicht auf einen Bewerber einigen kann. Nach dem Bewerbungsgespräch folgt dann ein Assessment-Center – kurz AC – zur letzten Abklärung und bildet meist die letzte Stufe im Bewerbungsprozess. Die Fähigkeiten, Qualifikationen und die Kompetenzen des einzelnen Bewerbers treten in Wettstreit mit denen der anderen Interessenten. Oft verlangen die Anforderungen einer Stelle nach bestimmten Kombinationen und nicht nach einzelnen Fertigkeiten, Qualifikationen oder Kompetenzen.[125] Es gibt bei Assessment Center üblicherweise einen AC-Leiter und pro Bewerber einen Beobachter, der sich auf die genau fixierten und zu beobachtenden Thematiken während der Übungen konzentriert. Die Ergebnisse werden in der Beobachter-Diskussionsrunde erörtert und beurteilt. Grundsätzlich gibt es eine Vielzahl von Möglichkeiten, wie ein AC aussehen kann.[126] Allerdings gibt es sechs wesentliche Themengebiete, die – aus Erfahrung der Verfasserin – für Assessment-Center typisch sind:

1) Es erfolgt die Vorstellung der eigenen Person vor der gesamten, aber zumeist fremden Gruppe. Man erkennt dabei, wie der Bewerber auf Fremde zugehen kann und auf welche Thematiken er sich in seiner Vorstellung fokussiert. Außerdem wird sein Zeitmanagement offensichtlich.

2) Es wird ein fremdes Thema, zu dem man selbst kein umfangreiches Wissen besitzt, kurz aber prägnant präsentiert, z. B. die

---

[125] vgl. Bode, 2014, S. 48.
[126] vgl. Dincher & Mosters, 2011, S. 30ff.

Raumfahrt. Dabei wird ermittelt, wie sich der potentielle Bewerber auf völlig fremdem Terrain verhält, wie er Unsicherheiten umgeht oder wie er zu seinen Lücken steht.

3) Die sogenannte Postkorb-Übung (auch Priorisierungsübung genannt), in der ein Bewerber 20 bis 25 Fake-Mails oder Fake-Briefe erhält, für die er innerhalb von 10 bis 15 Minuten ein System erstellen muss. Außerdem hat er zu entscheiden, welche Aufgaben er delegiert und welche Priorität diese haben. Er muss dem Assessment-Leiter seine Entscheidung begründen.

4) Bei Auszubildenden wird gern die Gruppendiskussion gewählt. Bei einem Ausbildungsplatz zum Industriemechaniker lautet z. B. eine Aufgabe, an einer CNC-Fräse ein Ersatzteil für eine Presse zu fräsen. Das CAM-Programm für diesen Vorgang ist beschädigt. Es entstehen pro Stunde zusätzlich 200.000 € Kosten, wenn die Presse steht. Es muss eine schnelle Lösung gefunden werden. In diesem Szenario soll nicht nur in zwanzig Minuten eine praktikable Lösung gefunden werden, sondern primär das Verhalten des einzelnen und der Umgang untereinander in stressigen Situationen erfasst werden.[127]

5) Bei Führungskräften ist das Rollenspiel ein beliebtes Mittel im Assessment-Center, der AC-Leiter generiert einen Konflikt, den der Bewerber taktvoll, aber standhaft zugleich lösen sollte.

6) Bei dem letzten Test sollen die tatsächlichen Fachkenntnisse geprüft werden. Der Bewerber erhält Eckdaten und eine komplexe Problemstellung zur Lösung. Wie kann man es beispielsweise technisch verhindern, dass es bei medizinischen Geräten als Folge von äußeren Einflüssen z. B. durch Magnetfelder zu Kunstfehlern bei Ärzten kommt? Die Aufgabe erhalten die Bewerber in der Regel mit der Einladung zum AC, um sich entsprechend vorzubereiten. Hier ist die richtige Antwort zwar wünschenswert, allerdings ist der Weg das Ziel.

---

[127] vgl. Bode, 2014, S. 50ff.

Auch Stresstests im Sinne von schriftlichen Tests, in denen Deutsch-kenntnisse, mathematische Kenntnisse oder auch die Persönlichkeit und die Intelligenz des Bewerbers überprüft werden soll, finden im Assessment-Center Anwendung.[128]

Die Methoden des Assessment-Centers sind heute weitgehend bekannt und die Verhaltensweisen, die den größten Erfolg versprechen, werden trainiert. Folglich sind häufig jene Personen im AC besonders erfolg-reich, die sich umfangreich über das Verfahren informiert haben.[129] Dies sollte man bei der abschließenden Bewertung der Bewerber be-rücksichtigen.

Aspekte eines systemisch geprägten Assessment-Centers sollten sich hingegen am Aufbruch bestehender, subjektiver Weltbilder orientie-ren. Damit schaut man hinter die eingeübten Verhaltensweisen des Be-werbers, um die wirkliche Person, die sich hier verborgen hält, zu er-kennen.[130] Durch eine aktive Gestaltung der Kommunikation innerhalb der Gruppe und mit den Personalverantwortlichen bei der Lösung der Aufgabe können die ablaufenden Gruppenprozesse und damit auch der Umfang der Selbstreflexion der Teilnehmer über die Sach- und Bezie-hungsebene verdeutlicht werden. Gleichzeitig werden damit beste-hende Deutungsmuster hinterfragt und weitere Erkenntnisse über die tatsächliche Person des Bewerbers gewonnen.[131] Diese hätte man mit den üblichen Fragen und Antworten im Gespräch nicht erreicht

5.7 Veränderung von Bewerber-Beurteilungen durch die systemisch geprägte Kommunikation

Sind Bewerberauswahl, -gespräch und Assessment-Center beendet, folgt die Beurteilung der jeweiligen Kandidaten. „Auswertungsbögen dienen dazu, eine einheitliche Beurteilung der Bewerbergespräche zu

---

[128] vgl. Abb. 5.
[129] vgl. Bode, 2014, S: 55.
[130] vgl. Krizanits, 2013, S. 1ff.
[131] vgl. Krizanits, 2013, S. 138f.

garantieren."[132] Das Unternehmen der Verfasserin verwendet zurzeit einen solchen Bewertungsbogen.[133] Hierbei gilt, dass für jede Position die Kriterien im Vorfeld von dem Leiter der Fachabteilung und der Personalleitung zusammen abgestimmt und veröffentlicht werden, um Objektivität zu erhalten. Da es die eine Objektivität nicht geben kann, stellt sich die Frage, wie Bewerbungsbögen aussehen müssen bzw. wie die Kommunikation stattfinden muss, um eine systemisch-orientierte Beurteilung zu erlauben. Prinzipiell müssen Hard-Fact-Themen wie Ausbildung, beruflicher Werdegang usw. nicht mehr tiefgreifend beurteilt werden, denn nur Bewerber mit den entsprechend einwandfreien und aussagekräftigen Bewerbungsunterlagen haben Chancen, in die nächste Bewerbungsrunde zu kommen. Die verstärkte Konzentration auf die Kompetenzen des Bewerbers ist noch recht aufwendig und wird noch nicht entsprechend berücksichtigt, auch wenn Personalverantwortliche prinzipiell um die Wichtigkeit von Kompetenzen wissen. Meist kann man Kompetenzen nur über Verhalten in bestimmten Situationen ermitteln, allerdings kann eine eindeutige Verbindung von bestimmtem Verhalten zu bestimmten Kompetenzen nicht ermittelt werden, denn verschiedene Kompetenzen können dasselbe Verhalten begründen und umgekehrt kann ein bestimmtes Verhalten durch unterschiedliche Kompetenzen ausgelöst werden.[134] Daher ist nach Auffassung der Verfasserin immer eine Zusammenfassung von Bewerbungsgespräch und Assessment-Center sinnvoll. Über das Kassler-Kompetenz-Raster kann eine Beurteilung der Bewerber implementiert werden. Dieses Raster verfügt über die Möglichkeit, verschiedene Kompetenzen in Fach-, Methoden-, Sozial- und Persönlichkeitskompetenz zu unterscheiden und einzeln zu bewerten. In Gruppenarbeiten sollen die Bewerber in 60 bis 90 Minuten eine betriebliche Optimierungsaufgabe lösen. Die vorher festgelegten Kompetenzen werden auch hier von Beobachtern genau ermittelt, allerdings wird bei diesem Raster vorher ein

---

[132] vgl. Bode, 2014, S. 47.
[133] vgl. Abb. 11.
[134] vgl. Bode, 2014, S. 105.

einheitlicher Maßstab zur Beurteilung der Leistung festgesetzt. Die Ergebnisse der Beobachtungen werden aufgezeichnet, um nach dem Gespräch nochmals die spezifischen einzelnen Kompetenzen zu analysieren. Auch hier ist zu bedenken, dass die Beurteilung nicht objektiv sein kann, da der Beobachter als Teil des Systems dieses immer unbewusst beeinflussen kann. So kommen verschiedene Beurteiler auch oft zu unterschiedlichen Ergebnissen. Da im Vorfeld die Kompetenzen auf Basis eines gemeinsamen Sinnverständnisses entwickelt wurden, kann das Ergebnis in quantitativen Größen dargestellt werden. Zu jedem Bewerber wird ein persönliches Beurteilungsprofil erstellt, was später auch als Ausgangspunkt für die weitere zukünftige Personalentwicklung des Bewerbers dienen kann. Erst nach dem Abschluss der entsprechenden Aufgabe erfolgen die individuellen Bewerbungsgespräche. Noch offene Fragen können jetzt vertiefend erörtert werden.[135] Durch die Fokussierung auf die Kompetenzen werden dann nicht nur objektiv-fachliche, sondern insbesondere auch menschlich adäquate Entscheidungen möglich, z. B., ob der Bewerber ins existierende Team passt oder ob seine Überzeugungen und Einstellungen in Übereinstimmung mit der Unternehmenskultur stehen. Insbesondere sind Aussagen möglich, ob der Bewerber auch langfristig an der Position interessiert oder ausschließlich monetär orientiert ist und mit dem nächstbesten Angebot das Unternehmen wieder verlässt.

5.8 Reflexion der Führungskraft zur Integration von neuen Mitarbeitern

Einen neuen Mitarbeiter gut in das Team zu integrieren und somit eine gute Basis für die Zusammenarbeit zu legen, bedeutet für die Führungskraft, auch über ihr eigenes Verhalten und dessen Auswirkungen auf andere zu reflektieren. Hierbei wird die eigene Person in den Fokus der Beobachtung gestellt. Wieso verhält man sich in bestimmten Situationen so und nicht anders? Nur Führungskräfte, die regelmäßig ihr eigenes Verhalten sowie die entsprechenden Reaktionen der Mitarbeiter

---

[135] vgl. Bode, 2014, S. 107f.

hinterfragen und auch eigene Fehler eingestehen, sind bei der Einführung von neuen Mitarbeitern eine wirkliche Hilfe. Nur sie können sich selbst und ihr Denken im Container für das Neue öffnen, welches durch einen neuen Mitarbeiter in das Team kommt.

„Zu einer tatsächlichen Gefahr für ein Unternehmen werden Führungskräfte und Mitarbeiter, die derartig von ihrer eigenen Leistungsfähigkeit, von Ihrem Charisma, von ihrer Botschaft und ihrer vermeintlich unantastbaren Großartigkeit überzeugt sind, dass sie den Kontakt zur Realität verlieren.“[136] Dies ist von der Geschäftsleitung und der Personalabteilung von Anfang an zu unterbinden. Diese Entwicklung kann auch als Wechselspiel zwischen Vorgesetzten und den eigenen Mitarbeitern erfolgen, die sich hier persönliche Vorteile wie eine Beförderung verschaffen wollen. Die Führungskraft und die Personalabteilung müssen den jeweiligen Führungsstil im Team hinterfragen. Bestimmte Führungsstile implizieren auch immer entsprechende Verhaltensweisen beim Team, auf die dann Wert gelegt wird. Darauf ist schon vor der Einstellung bzw. Entwicklung von neuen Führungskräften zu achten.

Man unterscheidet vier Führungsstile:

1) Autoritärer Führungsstil: Hierbei sieht sich die Führungskraft im Mittelpunkt des Geschehens. Sie strebt ein umfassendes Fachwissen an, da sie glaubt, für alle Mitarbeiter mitdenken zu müssen. Bei dieser Form der Führung braucht man neben guter Menschenkenntnis auch eine genaue Vorstellung der Stärken und Schwächen seiner Mitarbeiter. Mit der notwendigen Durchsetzungs- und Entscheidungskraft kann die Führungskraft den richtigen Mitarbeitern auch die richtigen Aufgaben zuordnen. Die Mitarbeiter müssen sich dem Führungsstil des Führenden unterordnen. Es spielen sich Arbeitsmuster ein, bei denen die Mitarbeiter nur reagieren, die komplette Verantwortung aber der Führungskraft überlassen. Diese Aberkennung von eigener Verantwortung führt langfristig zu innerer Kündigung der Mitarbeiter.

---

[136] vgl. Eckelt, 2017, S. 129.

Sie verlieren das Interesse am Unternehmen und der eigenen Arbeit. Selbst fähige Mitarbeiter werden mit der Zeit völlig unselbständig und entwickeln keine eigenen Lösungsansätze. Es beginnt ein Teufelskreis, da sich dadurch die Führungskraft bestätigt fühlt, immer für die Mitarbeiter Verantwortung übernehmen und für diese entscheiden zu müssen.[137] Nach Erfahrung der Autorin ist dieser Führungsstil oft in Familienunternehmen mit einem Patriarchen an der Spitze zu finden. Allerdings neigen auch schwache Führungskräfte aus Selbstschutz zum autoritären Führungsstil. Leider wird damit auch erreicht, dass die High Potentials nach beruflichen Alternativen suchen und das Unternehmen verlassen. Kein Unternehmen will solche Mitarbeiter verlieren.

2) Kooperativer Führungsstil: Der autoritäre Führungsstil geht von der Bequemlichkeit und Unfähigkeit der Mitarbeiter aus. Früher herrschte ein Grundgedanke vor, dass die Mitarbeiter mit konsequenten Führungsimpulsen zu Leistung zu reizen sind. Dieser wurde jedoch ersetzt vom Bild eines grundsätzlich leistungsbereiten Individuums, das willens und in der Lage ist, sich und seine Fähigkeiten weiterzuentwickeln und dies auch beweisen kann. Dieser Führungsstil betont die grundsätzliche Wertschätzung und eine dem Menschen zugewandte Verhaltensweise. Essentiell wichtig ist hierfür eine offene Kommunikation, um Mitarbeiter zu ermutigen, selbstständig und eigenverantwortlich zu arbeiten. Wissen wird nicht mehr von Einzelnen gehortet, sondern die Führungskraft informiert die Mitarbeiter und zeigt Zusammenhänge sowie Ziele auf. Damit wird der Sinn für die Arbeit bei den Mitarbeitern gewährleistet. Die offene Kommunikation ermöglicht es, Aufgaben und damit die Ergebnisverantwortung an das Team zu delegieren. Eine kooperative Führungskraft braucht viel Selbstbewusstsein, um sich auch selbst einzugestehen, dass sie von Ihren Mitarbeitern lernen kann, denn sie billigt dem Mitarbeiter eine eigene Meinung zu. Die Mitarbeiter werden selbst initiativ,

---

[137] vgl. Krusche, 2013, S. 20ff.

sind zum Mitdenken bzw. zur Mitarbeit bereit und übernehmen gern auch Verantwortung. Systemisch gesehen ist dieser Führungsstil sehr praktikabel und führt zu guten Ergebnissen. Er schließt ein zirkuläres Bündnis zwischen Führungskraft und Mitarbeitern. Die Führungskraft lässt Mitarbeiter selbstständig Lösungen entwickeln und durch entsprechende Kommunikation, aktivem Zuhören und gezieltem Nachfragen gibt sie die notwendige Hilfestellung. Die Mitarbeiter haben die Sicherheit, dass ihre Ideen und ihre Lösungsansätze willkommen sind und werden dadurch motiviert. Fehler hingegen führen nicht direkt zu Vertrauensentzug, sondern Fehlentscheidungen oder kritische Punkte werden offen angesprochen. Der Führungskraft wird bestätigt, dass der eingeschlagene Weg des Vertrauens gerechtfertigt ist.[138] Nach Erfahrung der Verfasserin stößt diese Theorie im Alltag an ihre Grenzen, wenn man kooperativ alle Mitarbeiter an Entscheidungen partizipieren lassen will, denn die verschiedenen Erwartungen und Wünsche innerhalb des Teams können diametral auseinanderliegen. Das Team zerfällt unter Umständen in Untergruppen, die möglicherweise sehr affektiv miteinander verbunden sind und nicht mehr sachorientiert handeln. Sind die Fronten verhärtet, wechselt man dann lieber in den autoritären Führungsstil. Für den Erfolg eines effektiven Bewerbermanagements mit systemischen Aspekten bringt der kooperative Führungsstil jedoch die besten Voraussetzungen mit.

3) Situativer Führungsstil: Für eine wirkungsvolle Führung sollte jede Führungskraft neben ihrer Sorge um die Arbeitsergebnisse und Mitarbeiterbedürfnisse bei den anstehenden betrieblichen Herausforderungen die jeweilige Reife ihrer Teammitglieder berücksichtigen. Jeder Mitarbeiter benötigt folglich als Individuum einen jeweils auf ihn zugeschnittenen Führungsansatz. Die Führung orientiert sich am Führungsbedarf der Teammitglieder im

---

[138] vgl. Krusche, 2013, S. 36ff.

Team. Bei diesem Führungsstil werden grundsätzlich vier Führungssituationen unterschieden.139 Er basiert auf zwei Grundmodi, dem „directive" (struktur- und richtunggebend) sowie dem „supportive" (unterstützend) Modus.140

1) Völlig neue Mitarbeiter im Team haben einen niedrigen Reifegrad, der Umfang der Führung ist hoch, es sind klare Anweisungen zu geben, die Mitarbeiter sind zu „unterweisen".

2) Mitarbeiter, die sich bereits eingearbeitet haben, besitzen einen mittleren Reifegrad. Die Führungskraft verteilt die Aufgaben durch geeignete Kommunikation und Argumentation. Diesen Modus nennt man „verkaufen".

3) Bei Mitarbeitern mit einem hohen Reifegrad wird die Führungskraft in den „Partizipations-Modus" wechseln. Hier involviert die Führungskraft den Mitarbeiter in die Entscheidung, die Aufgaben werden gemeinsam wahrgenommen und zum Abschluss gebracht.

4) Ist der Reifegrad sehr ausgeprägt, tritt der Mitarbeiter in den Modus „Delegieren" ein. Hier überträgt die Führungskraft nur noch die Aufgaben, Art und Umfang ihrer Realisation überlässt sie den Mitarbeitern. Es besteht ein solides Vertrauen in die Arbeitsleistung und das Ergebnis. Probleme sollen selbstständig gelöst werden.

Dieser Führungsstil weist durch seine Kombination aus mehreren Führungsstilen sehr viele Vorteile auf. Nach Auffassung der Autorin kann gerade diese Vielfältigkeit zu einer Fehleinschätzung der Leistungsfähigkeit seiner Mitarbeiter führen, woraufhin die Führungskraft situativ den falschen Führungsstil anwendet, mit der

---

139 vgl. 12.
140 vgl. Krusche, 2013, S: 49f.

Folge von suboptimalen Entscheidungen. Dieser Führungsstil bedarf viel Menschenkenntnis, Erfahrung und Fingerspitzengefühl, bleibt dabei aber unbestimmt und wenig planbar für den Einsatz und die Entwicklung neuer Mitarbeiter.

5) Transformierender Führungsstil: Dieser recht unbekannte Führungsstil bildet das eigentliche Ziel systemischer Bemühungen. Führungskräfte und Mitarbeiter arbeiten und kommunizieren so eng miteinander, dass ein höchstes Maß an Motivation generiert wird. Die Arbeit ist nicht mehr Mittel zum Zweck, sondern es wird eine gemeinsame Begeisterung und Leidenschaft für die Tätigkeit entwickelt. Ziel beider Parteien ist es, immer intensiver zusammenzuarbeiten, um noch bessere Ergebnisse zu erzielen. Die Führungskraft tauscht entsprechende Belohnungen, beispielsweise Karriereaussichten, besseres Gehalt und Arbeitsbedingungen bzw. andere Anerkennungen, gegen die Aktivitäten seiner Mitarbeiter ein. Die Interventionen bei der Arbeit werden auf ein Minimum reduziert. Unterstützung erfolgt nur in Ausnahmesituationen. Bestimmte Anstrengungen und Leistungen werden erwartet, mit der die Führungskraft dann auch planen kann. Die Erwartungs-Erwartungen sollten dabei auch in die gleiche Richtung gehen. Diese Anstrengungen können wie folgt noch verstärkt werden:[141]

- Die Mitarbeiter eifern ihrer Führungskraft in der Leistung nach (idealized influence).
- Hohe Erwartungen und emotionale Appelle lassen die Mitarbeiter eine gemeinsame Vorstellung vom Ziel entwickeln (inspirational motivation).
- Man nimmt Rücksicht auf die Bedürfnisse der Mitarbeiter, die Motivation der Mitarbeiter ist klar, die Führungskraft kann flexibel agieren (individualized consideration).

---

[141] vgl. Krusche, 2013, S. 79ff

- Durch das Ermutigen zum „think outside the box" nutzt die Führungskraft die Potentiale der Mitarbeiter und setzt diese frei (intellectual stimulation).

Gerade der letzte Punkt ist im Bewerbungsprozess ausschlaggebend. Das Bewerber-management muss auch das Ziel verfolgen, Mitarbeiter so zu fördern, dass sie eigenverantwortlich die eigenen Potentiale nutzen. Sind die Mitarbeiter jedoch mit dem Status Quo zufrieden, dann läuft die weitere Förderung ins Leere, weil sie nicht gewollt ist. Hier würde der transformierende Führungsstil an seine Grenzen gelangen. Ein systemisch orientiertes Bewerbermanagement muss frühzeitig und umfassend den Führungsstil der Personalverantwortlichen im Team mit einbeziehen. Nur so kann der richtige Mitarbeiter zur rechten Zeit und am richtigen Ort identifiziert werden. Kurzfristig und situativ ist dies nicht realisierbar, sondern bedarf umfassender organisatorischer wie personeller Vorarbeit, denn der praktizierte Führungsstil hat immer einen entscheidenden Einfluss auf die Neubesetzung einer Stelle. Das höchste Ziel einer systemisch geprägten Führungskraft sollte somit die systemische Professionalität sein. Gemäß Goleman bedeutet dies, dass man über eine systematische, emotionale Selbstreflexion mit Unterstützung und entsprechenden Feedbacks der relevanten Umwelt lernt, eigene Emotionsmuster zu erkennen und ihre verhaltensbestimmende Wirkung wahrzunehmen.[142] Mit der Selbstreflexion kann die Führungskraft den Schritt machen, die nächste Stufe der persönlichen Entwicklung und die Förderung der Empathie zu erreichen. Bei Führungskräften wie auch bei jedem anderen Menschen gilt ausnahmslos das Prinzip, dass nur diejenigen, die über ihr eigenes Tun und Handeln nachdenken und abwägen, auch in der Lage sind, sich in andere hineinzuversetzen und deren Verhalten zu verstehen. Es sollte gerade für Führungskräfte völlig normal sein, ihre Mitarbeiter so zu akzeptieren wie sie sind. Allerdings tun sich gerade schwache Führungskräfte mit der Entwicklung von Empathie und Selbstreflektion schwer, da sie diese Eigenschaften für persönliche Schwäche halten. Ein systemisches ausgerichtetes

---

[142] vgl. Arnold, 2015a, S. 85.

Bewerbermanagements unterstützt hier eine entsprechende Personalentwicklung und Teambildung, um ein zukunftsfähiges Unternehmen zu erhalten.

5.9 Wie kann der Einstieg in ein Team gelingen?

Die Theorie der Autopoiese lehrt wie bereits in Kapitel 3.2 beschrieben, dass Systeme sich selbst bilden, ihre eigene Struktur organisieren und diese Struktur durch ihre einzelnen Elemente selbst produzieren, ähnlich dem Blutkreislauf, der sich auch selbst erhält und erneuert, immer mit dem Ziel, den Organismus am Leben zu erhalten. Diese Systeme sind der Umwelt gegenüber offen, jedoch werden vom System als irrelevant empfundene Informationen als „unverständliches, weißes Rauschen" ausgeblendet.[143] Es stellt sich also die Frage, wie man es beim System Team schafft, ein neues Mitglied zu involvieren und nicht auszublenden.

Zunächst muss die Führungskraft die vorherrschende Teamkultur kennen, die in der Regel von der vorherrschenden Unternehmenskultur abgeleitet wird und es den Teammitgliedern ermöglichen soll, soziale Ereignisse und Verhaltensweisen zu deuten und zu verstehen. Somit kann man den Kulturbegriff als Koppelung von psychischen mit sozialen Systemen verstehen.[144] Auf diese Weise kann die Führungskraft dem neuen Mitarbeiter die bestehenden kulturellen Erwartungen verständlich machen. Ohne Kenntnis dieser Erwartungen kann kein soziales Leben entstehen. Zur Vermittlung der herrschenden Team- bzw. Unternehmenskultur bedient man sich dem im Unternehmen vorherrschenden Sprachgebrauch, der das gesamte Verhalten im Unternehmen wesentlich beeinflusst. Ist der Umgangston rüde und unfreundlich, hat dies Auswirkungen auf den entsprechenden Führungsstil und damit auf das Verhalten der Mitarbeiter untereinander und im Team. Ist der Umgangston hingegen eher von gegenseitiger Empathie und Rücksicht-

---

[143] vgl. Simon, 2015a, S. 27f.
[144] vgl. Simon, 2015b, S. 85.

nahme geprägt, wird dies auch auf das Verhalten des einzelnen Mitarbeiters und seiner Produktivität Einfluss nehmen. Diese Einflussgrößen sind im Bewerbermanagement mit zu berücksichtigen. Ist die für das Fortbestehen des Systems Team notwendige Kommunikation erst einmal gestört, treten zwangsläufig weitere Probleme im betrieblichen Ablauf auf, die nur mit großem zeitlichen und finanziellen Aufwand wieder beseitigt werden können.

Der neue Mitarbeiter muss sich deshalb zunächst mit den grammatikalischen, technischen und informellen Regeln eines Teams auseinandersetzen. Die grammatikalische Regel zeigt dem neuen Mitarbeiter, was er tun darf und was nicht, um im Team akzeptiert und aufgenommen zu werden. Man kann es generell mit den Grammatikregeln der Sprache vergleichen, welche die Strukturen und Wortaneinanderreihungen festlegt, und zwar prinzipiell unabhängig vom Inhalt.[145] Die technischen Regeln legen prinzipiell das Verfahren zur Zielerreichung fest. Sie sind neutral und finden wie bei den Produktionsplänen in der Produktion immer wieder Anwendung, weil es best practice ist.[146] Die informellen Regeln betreffen das Alltagesleben eines Unternehmens und zeigen auf, was richtig bzw. was falsch ist. Hierbei ist anzumerken, dass es auf Fehlverhalten in der Regel keine eindeutigen Reaktionen gibt. In der Regel imitiert der neue Mitarbeiter die Verhaltensweisen seiner Kollegen, passt sich dadurch seiner Umgebung an und schützt sich so vor dem Ausschluss aus der Gruppe. Zurzeit ist die Wirtschaft auf solche systemischen Veränderungen noch nicht eingestellt, auch wenn einige Ideen wie das durchaus systemisch-orientierte Patenprogramm immer mehr Einzug bei der Einführung eines neuen Mitarbeiters finden. Noch herrschen quantifizierbare Themen vor, mit denen man sich mehrheitlich beschäftigen muss, z. B., in welcher Schicht der neue Mitarbeiter startet oder wie schnell er alle notwendigen Techniken lernen muss, um effektiv arbeiten zu können. Auf das Gruppengeflecht oder auch auf die ablaufende Gruppendynamik, welche sich durch das Eindringen eines

---

[145] vgl. Simon, 2015a, S. 89.
[146] vgl. Simon, 2015a, S. 93.

neuen Mitarbeiters neu organisieren muss, wird zurzeit noch kaum eingegangen. Eine systemisch orientierte Führungskraft sollte sich nicht nur um die sachlichen Dinge des betrieblichen Alltags für den neuen Mitarbeiter kümmern, sondern auch versuchen, ihn über die ablaufende soziale Kommunikation in das Team zu integrieren, vorausgesetzt, man hat den richtigen Mitarbeiter für das Team gefunden. Es wäre eine Überlegung im Sinne des Teamgedankens wert, ob man nicht einen Mitarbeiter mit einem hohen Reifegrad und Empathie als Paten für den neuen einsetzt. Dies entlastet die Führungskraft und ist gleichzeitig eine motivierende Wertschätzung des Mitarbeiters.

Folgt man der Aussage Buckmanns, dass Talente in der Regel ebenfalls Talente erkennen, sollte ein Personalverantwortlicher die Möglichkeit nutzen, potentielle Kandidaten indirekt über Mitarbeiter anzusprechen. So belohnt z. B. das Unternehmen Festo Mitarbeiter, die erfolgreich neue Kollegen angeworben haben, finanziell. Der neue Mitarbeiter hat somit den Vorteil, dass er schon eine interne Bezugsperson besitzt.[147]

5.10 Kommunikation und Interaktion in der Gruppe des neuen Mitarbeiters

Damit eine optimale Kommunikation bzw. Interaktion in der Gruppe ablaufen kann, müssen sich sowohl Führungskräfte als auch Personalverantwortliche bewusst sein, dass die Gruppengröße und die Mitgliederzahl im Team einen entscheidenden Einfluss auf die Kommunikationsprozesse haben. Hilfreich für die Gestaltung einer effizienten Gruppenkommunikation ist die Strukturierung in drei Ober- und insgesamt fünf Untergruppen.[148] Die erste Obergruppe umfasst familienähnliche Dynamiken der Dyaden und Triaden, welche sich über persönliche Beziehungsnormen definieren, sie sind emotional sehr eng verbunden. Es wird für einen neuen Kollegen schwer, hier Anschluss zu finden. Diese Art von Gruppenbeziehung ist in Unternehmen eher selten zu finden, kommt aber vor. Dabei ist die Triade das instabilere System, weil ein

---

[147] vgl. Buckmann, 2017, S. 91ff.
[148] vgl. Abb. 13.

dritter Mitarbeiter immer das störende, aber auch belebende Element in der Gruppe sein kann und immer wieder die Bildung einer stabilen Zweiergruppe verhindert. Eine feste Zweier-Koalition grenzt von vornherein den neuen Mitarbeiter aus. Die zweite Obergruppe sind die Organisationsdynamiken, mit der Unterscheidung in Arbeitsgruppen und Workshop-Gruppen. Diese Arten von Gruppengröße sind im betrieblichen Alltag sehr verbreitet und für die meisten Führungskräfte von Bedeutung. Die Arbeitsgruppe umfasst eine Gruppenstärke.bis zu acht Personen. Die Workshop-Gruppe besteht aus zehn bis sechzehn Personen. Für einen neuen Mitarbeiter ist es in dieser Gruppengröße am einfachsten, Fuß zu fassen, da die Vielfalt der Erfahrungen und Charaktere es dem neuen Mitarbeiter erleichtern, an irgendeine Person bzw. eine Gruppe-in-der-Gruppe Anschluss zu finden. Zum Abschluss des systemischen Bewerbermanagements muss die Führungskraft dafür sorgen, den neuen Mitarbeiter erfolgreich in das Team zu integrieren. Am besten klappt dies, wenn dem neuen Mitarbeiter ein Pate zur Seite gestellt wird, der die Gruppe und ihre Besonderheiten gut kennt und unter Umständen ähnliche Interessen hat. Damit wird dem neuen Mitarbeiter, aber auch dem Team die Einführung erleichtert. Als letzte Obergruppe gibt es die Community-Dynamiken, welche aus den Großgruppen mit mindestens zwanzig Personen besteht.[149] Typischerweise ergeben sich solche Dynamiken oft in den Produktionsbereichen, wo z. B. unterschiedliche Produktspezifikationen gefertigt werden. In dieser Großgruppe Produktion werden häufig die eigenen Emotionen und Kulturen gepflegt. Diese Gruppen kommunikativ zu steuern, ist sehr schwer, da die einzelnen Mitglieder der Gruppe gerne und schnell in der Anonymität abtauchen oder in emotional aufgeladene Untergruppen zerfallen können. Am Ende eines systemischen Bewerbermanagements steht also die langfristig erfolgreiche Einführung des neuen Mitarbeiters in das Team. Nachdem das Team und die positiven wie negativen Eigenschaften der einzelnen Teammitglieder bekannt sind, sind teambildende Maßnahmen für den neuen Mitarbeiter zu seinem Start zu initi-

---

[149] vgl. Krizanits, 2013, S. 152f.

ieren. Beispielsweise kann man bei Dyaden und Triaden ein gemeinsames Essen im familiären Kreis und nicht in der Kantine organisieren. In Arbeits- bzw. Workshop-Gruppen kann man auch, je nachdem, wieviel Geld zur Teambildung bereitsteht, einen gemeinsamen Ausflug z. B. in einen Kletterpark planen. Man lernt hier, sich gegenseitig zu vertrauen, um zusammen ein Ziel zu erreichen. In der Großgruppe werden solche Maßnahmen eher nicht greifen, da die Gruppengröße dies nicht zulässt, sie wird in Untergruppen zerfallen. Wichtig für eine erfolgreiche Eingliederung sind die Art und der Umfang der Kommunikation in der Gruppe und die angewandte Sprachform. Erfolgt die Kommunikation z. B. auch intern bevorzugt über Mail, ist dies sehr unpersönlich, sachorientiert und nimmt keine Rücksicht auf die Reaktionen und Gefühle beim jeweils anderen. Damit kann auch auf das entsprechende Verhalten innerhalb der Gruppe geschlossen werden. Die Führungskraft sollte dies den neuen Mitarbeitern erklären, um Irritationen und Fehlverhalten bereits zu Beginn der Arbeit zu vermeiden. Wenn die neuen Mitarbeiter dann angekommen sind, können sie selbst entscheiden, ob sie sich diesen Mustern und der Kultur anpassen oder versuchen, Änderungen einzubringen. Die Mitarbeiter der Autorin wurden zur eigenständigen Reflexion des eingeübten Verhaltens angeregt, weil sie, statt eine Mail zu senden, angehalten wurden, persönlich zu kommunizieren. Die Führungskräfte lernten den Mehrwert der persönlichen Kommunikation schätzen und änderten ihr Verhalten.

5.11 Entwicklung einer leistungsfähigen Gruppendynamik

Der Mensch ist schon immer ein Gruppenwesen gewesen, ob behütet in der Familie oder im Team am Arbeitsplatz, immer gehört man bestimmten Gruppen an, die das Verhalten, die Einsichten und die Vorstellung von der Realität des Einzelnen mitbeeinflussen. Dabei entwickelt jede Gruppe ihre eigene Dynamik. Um die Entwicklung einer leistungsfähigen Gruppendynamik zu beschreiben, muss man sie zunächst definieren. Eine Gruppe besteht zumindest aus zwei Menschen, die ein bestimmtes Ziel verfolgen. Sie interagieren, kommunizieren und beeinflussen sich mit ihren Bedürfnissen und Zielen gegenseitig. Somit ist eine Gruppe immer ein sehr dynamisches Gebilde, in dem viele soziale Prozesse gleichzeitig ablaufen und dabei immer wieder zwischen der Einzelperson und dem Team vermitteln. Die Prozesse können von außen nur sehr schwer gesteuert werden. Die Gruppendynamik zeigt dabei, dass die Interaktionsbeziehung innerhalb der Gruppe im Mittelpunkt der Entwicklung dieses spezifischen sozialen Systems steht.[150] Dies hat zur Folge, dass die Gruppenleistung immer größer als die Leistung des einzelnen Mitglieds im Team ist. Das gemeinsame Ziel der Personalleitung (HR) und der entsprechenden Führungskraft muss es sein, festzustellen, ob und inwieweit das Team offen für Veränderungen ist. Gegebenenfalls muss die Gruppe für mögliche anstehende Veränderungen sensibilisiert und geöffnet werden. Mit jedem neuen Mitarbeiter wird nämlich in das bestehende Geflecht sozialer Interaktionen eingegriffen und die Struktur der Gruppe und die vorhandene Dynamik verändert. Die direkte Führungskraft muss dann sowohl als eine Art Berater als auch Coach fungieren. Damit wird dem neuen Mitarbeiter überhaupt die Chance gegeben, sich in das Team einzufügen und als unterstützendes Mitglied zu einem aktiven Teil zu werden. Hier sind wieder teambildende Maßnahmen wichtig. Denn aufeinander eingespielte und abgestimmte Teams werden schwierige Aufgaben zusammen einfacher und meistens auch erfolgreicher bzw. schneller lösen. Der neue Mitarbeiter verlangsamt, mangels Erfahrung in der Gruppe, die gewohnten ablaufenden Prozesse. Von der Gruppenfindung über die Vertrauensbildungs- bis zur Konfrontationsübung gibt es viele Möglichkeiten, die Teambildung zu unterstützen und die Gruppendynamik zielgerichtet zu fördern. Im Rahmen der Einführung eines systemisch orientierten Bewerbermanagements erscheint es sinnvoll, den Start des neuen Mitarbeiters im Team beispielsweise mit einer Konfrontationsübung zu begleiten, welche die Gruppe unterstützen soll, sich mit dem neuen Kollegen und den damit zwangsläufig verbundenen Veränderungen in der Gruppe auseinanderzusetzen. Alternativ kann eine Gruppenfindungs-Übung eingesetzt werden, um mit dem neuen Gruppenmitglied ge-

---

[150] vgl. Elbe, 2014, Glossar VI.

---

meinsam einen Neubeginn zu wagen und damit den Zusammenhalt innerhalb der Gruppe zu stärken. Ziel der Konfrontations-Übung ist es, grundsätzlich festzustellen wie das Team agiert, wer ist „Häuptling", hat das Sagen und bestimmt maßgeblich die ablaufende Kommunikation und Interaktion. Wer ist „Indianer", läuft mit oder ordnet sich unter. Nur so kann die Führungskraft erkennen, wer „das Sagen" in der Gruppe hat und somit den Meinungsbildner der Gruppe darstellt, womit maßgeblich die Gruppendynamik beeinflusst wird. Über diese Person kann die Führungskraft die ablaufenden Gruppenprozesse zielgerichtet gestalten. Wenn der neue Mitarbeiter bereits positiv aufgenommen ist, akzeptiert ihn auch das Team grundsätzlich schneller und heißt ihn offener willkommen. Hierzu kann man beispielsweise die Übung „Gordischer Knoten" einsetzen, in der alle Teammitglieder die Augen schließen, die Hände ausstrecken, sich alle an die Hände fassen. Danach muss eine Lösung gefunden werden, den Knoten zu öffnen, OHNE die Hände wieder zu lösen. Eine andere Möglichkeit ist die „Lava-Überquerungs-Übung". Um einen fiktiven Lavafluss zu überqueren, muss ein Teppich mehrfach gedreht werden. Beim Drehen stehen alle Gruppenmitglieder auf dem Teppich und niemand darf ihn verlassen, bis er mindestens zweimal gedreht worden ist. Auch hierbei kann die Leistungsfähigkeit der Gruppendynamik erkannt, aber auch neu strukturiert werden. Diese Erkenntnis hilft der Führungskraft bei der Analyse, wer welche Bedeutung für das Team hat, um das Team aufeinander einzuschwören. Mit dem Eintritt des neuen Mitarbeiters in die Gruppe sollte es in jedem Fall eine Phase der Gruppenfindung geben. Die Übung „Atommeiler" definiert jedes Gruppenmitglied als ein Atom, welches zu kompletten Molekülen zusammenfinden soll, bis die Gruppe als Makromolekül komplettiert wird. Es soll dem Team zeigen, dass der neue Mitarbeiter eine Bereicherung darstellt. Mit dieser positiven Grundstimmung wird allen Beteiligten ein guter und effizienter Start in die gemeinsame Zusammenarbeit im Team erleichtert.

6   Schwerpunkte und Ergebnisse

In diesem Buch wurden theoretische Grundüberlegungen zu Ansätzen eines systemischen Bewerbermanagements angestellt. Die Zeiten, in denen ein Mitarbeiter sein gesamtes Berufsleben in dem gleichen Unternehmen verbringt, sind mit der Globalisierung und dem weltweiten Wettbewerb lange vorbei. Umso bedeutsamer ist es für ein Unternehmen, auf jeden Fall die personelle Fluktuation niedrig zu halten, da jede Neueinstellung und somit jeder Bewerbungsprozess das Unternehmen neben Zeit insbesondere viel Geld kostet. Fehlentscheidungen im Bewerbermanagement mit dem Ergebnis, den falschen Mitarbeiter an der falschen Stelle zu haben, lassen die Kosten dann überproportional ansteigen. Der wirtschaftliche Schaden, der z. B. durch einen falschen Mitarbeiter im Vertrieb in der Außendarstellung des Unternehmens entstehen kann, ist dabei noch gar nicht berücksichtigt, denn hier ist dann unter Umständen das gesamte Unternehmen gefährdet. Neben den direkten Kosten für die Stellenausschreibungen, Internetplattformen bzw. Reisekosten entstehen vor allem indirekte Kosten für alle mit dem Bewerbermanagement involvierten Führungskräfte, die in dieser Zeit üblicherweise andere Tätigkeiten ausüben. Aber auch die Kosten der unbesetzten Stelle, deren Aufgaben andere Mitarbeiter im Team oder auch Leasingkräfte übernehmen müssen, sind nicht unerheblich. Auch nach der Einstellung fallen weitere Recruiting-Kosten an, denn es folgt die Einarbeitung. Der neue Mitarbeiter kennt sich noch nicht im Unternehmen aus und benötigt einen Partner, der ihm alles zeigt und erklärt. Für das Unternehmen bedeutet das eine doppelte Kostenbelastung bei einer reduzierten Arbeitsproduktivität bei den involvierten Mitarbeitern. Aus Erfahrung der Autorin können Kosten zwischen 17.000 € und 50.000 € pro ausgeschriebener Stelle entstehen. Umso wichtiger ist es, über ein Bewerbermanagement, welches Aspekte der Systemik berücksichtigt, eine bewusste und sorgfältige Bewerberauswahl zu treffen. Denn es ist ineffizient, wenn der neue Mitarbeiter nach sechs Monaten das Unternehmen wieder verlässt, weil weder Arbeitsinhalte noch die Arbeitsumgebung passen oder die persönlichen Vorstellungen mit denen des Teams nicht in Einklang zu bringen sind. Der gesamte Prozess muss wieder von vorne beginnen und produziert vermeidbare zusätzliche Kosten. Ein Ergebnis dieser Arbeit ist, dass in einer ersten Phase zu einem systemisch geprägten Bewerbermanagement die grundlegenden Gedanken der Systemik in diesen Prozess einfließen sollten, z. B. die Verwendung von systemischen Fragen im Bewerbungsgespräch, um hinter der eingeübten Fassade des Bewerbers die eigentliche Persönlichkeit entdecken zu können. Ideal wäre es, schon im ersten Gespräch Ansätze zur Selbstreflexion beim Bewerber zu initiieren, um auf diese Weise weitere Erkenntnisse über die Eignung der Person für die ausgeschriebene Stelle zu erlangen. Ein weiteres Ergebnis dieser Arbeit zeigt, dass es für ein systemisch orientiertes Bewerbermanagement erforderlich sein wird, die Aufbauorganisation des Unternehmens und die persönliche Einstellung der Mitarbeiter auf die Systemik einzustellen, was jedoch eine gewisse Zeit in Anspruch nimmt. Die systemischen Ansätze bereiten das Unternehmen in jedem Fall auf seine Zukunftsfähigkeit vor, auch in Zeiten der Globalisierung. Die spezifischen Lösungsvorschläge werden hier schon bereitgehalten.[151] Die Unternehmen müssen sich jedoch hierfür ausreichend Zeit nehmen und leider ist es fraglich, ob sie sich diese Zeit nehmen wollen, weil die Systemik keine kurzfristigen Lösungen zulässt. Andererseits stellen die Globalisierung und der damit verbundene zunehmende Wettbewerb immer höhere Anforderungen an das Bewerbermanagement. Denn es ist nicht zu leugnen, dass es mit jeder falschen Besetzung einer Stelle mit dem falschen Bewerber zum falschen Zeitpunkt im falschen Team zu nachhaltigen Störungen im Ablauf der Kommunikation im sozialen System Unternehmung kommt. Weitere Probleme bis hin zur Gefährdung des gesamten Unternehmens sind dann die Folge, im Sinne des Zitats Michail Gorbatschow: „Wer zu spät kommt, den bestraft das Leben". Deswegen ist es essentiell wichtig, dass rechtzeitig ein Umdenken beginnt und man sich schon im Vorfeld mehr auf die systemisch relevanten menschlichen Fakten konzentriert, um langfristig nachhaltige Personalpolitik betreiben zu können.

---

[151] vgl. Elbe, 2014, S. 51ff.

6.1 Klassisches Bewerbermanagement versus systemisches Bewerbermanagement

Das klassische Bewerbermanagement basiert heute immer noch auf dem vor langer Zeit entwickelten Grundgedanken, dass man von der Ausbildung bis zum Renteneintritt möglichst im gleichen Betrieb bleibt. Dies hat für die heutige schnelllebige Zeit keine generelle Geltung mehr. Hieraus folgt ein mehr statisch orientierter Prozessablauf im Bewerbermanagement, der „step-by-step" weitgehend nach dem Ursache-Wirkungs-Prinzip funktioniert. Es wird dabei zwar auch immer ein bestimmtes Ziel verfolgt, der mit dem besten Mitarbeiter für eine Stelle verbunden ist, dieses eine Ziel überlagert dabei aber alle anderen Aspekte einer erfolgreichen Bewerberauswahl. Gerade im Talentmanagement großer Unternehmen wird immer wieder die Bedeutung der Flexibilität eines Bewerbers in allen Bereichen als das wichtigste Entscheidungskriterium für seine Einstellung hervorgehoben. Diese Überbetonung führt dazu, dass Bewerber sich als höchst flexibel präsentieren, so dass sie selbst immer mehr an persönlichem Profil verlieren und beliebig austauschbar werden, weil andere Aspekte nicht mehr in die Betrachtung mit einbezogen werden.[152] Nach Meinung der Verfasserin ist der herkömmliche Prozessablauf im Bewerbermanagement eher wenig dynamisch, da er mit einem festen Programmablauf und einem festen Ziel verbunden ist. Der Unterschied zum dynamischen und systemisch orientierten Bewerbungsmanagement lässt sich am besten anhand von zwei Schaubildern darstellen, aus denen die wesentlichsten Merkmale direkt und klar erkennbar sind. Auf der einen Seite der herkömmliche Bewerbungsprozess mit einem eher statischen „Step-by-Step-Ablauf", der die Betrachtung bestimmter einzelner Aspekte im Bewerbungsprozess betont. Alle Elemente des Prozesses können auch unabhängig voneinander agieren.

---

[152] vgl. Wieczorek, 2010, S. 123.

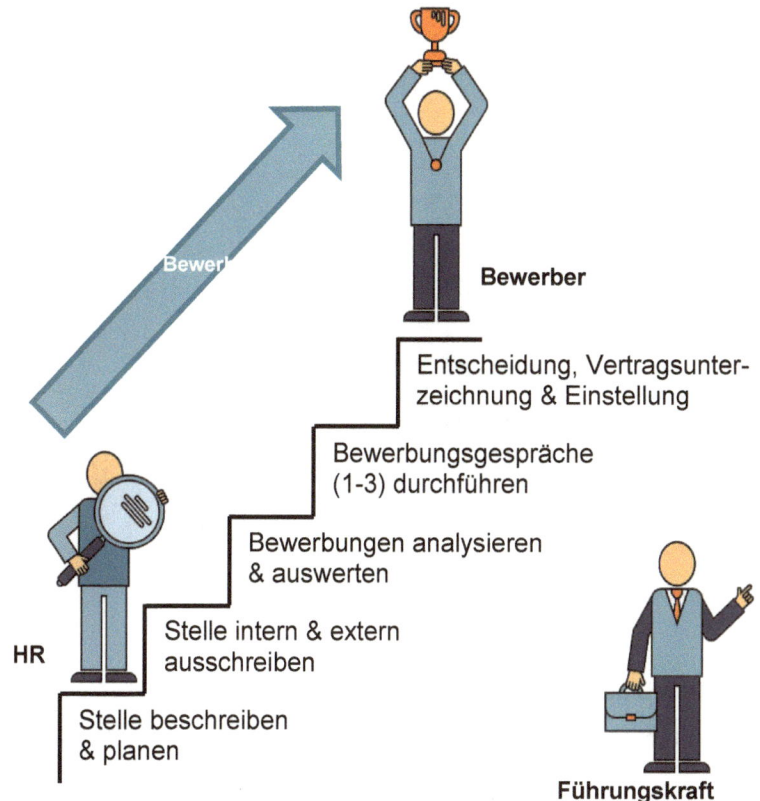

Abb. 1: Klassisches Bewerbungsmanagement

Demgegenüber steht der dynamische systemisch orientierte Bewerbungsprozess, bei dem viele Aspekte gleichzeitig aufeinander wirken und sich gegenseitig beeinflussen. Wie mit dem zweiten Schaubild leicht zu erkennen ist, wird der Ablauf komplexer, berücksichtigt jedoch viel mehr die unterschiedlichsten und situativen Kriterien für die Einstellung – vom Bewerber über das Team bis zur Unternehmensorganisation.

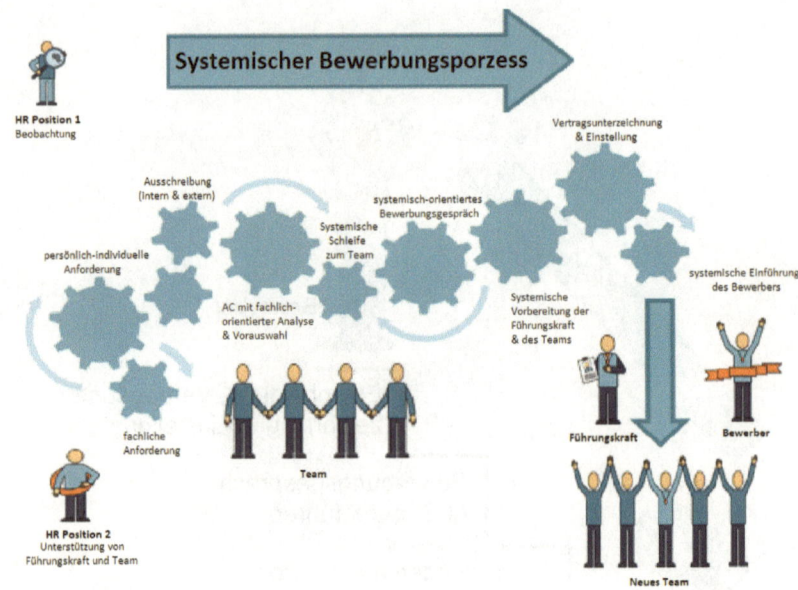

Abb. 2: Systemisches Bewerbungsmanagement

Mit den Instrumenten der Systemik ist es möglich, diese Herausforderung der Zukunft zu meistern und das langfristige Ziel zu erreichen, den richtigen Mitarbeiter zur rechten Zeit am rechten Platz zu finden. Der zweiten Version ist somit eindeutig der Vorzug zu geben.

6.2 Ausblicke

Während der Arbeit an dieser Masterthesis ist der Verfasserin bewusst geworden, wie wichtig ein Bewerbermanagement mit systemischen Aspekten für den Fortbestand eines Unternehmens ist, wenn es auch in Zukunft wettbewerbsfähig sein will. Allerdings kann man ein systemisch-orientiertes Bewerbermanagement nicht in einem Unternehmen implementieren, welches ansonsten weder in der Organisation noch in der Personalarbeit oder den Führungsstilen systemische Ansätze vorweist bzw. realisiert hat. Es bedarf vieler kleiner Schritte, um den Weg zu einem erfolgreichen systemischen Bewerbermanagement beschreiten zu können. So müssen die Führungskräfte in der systemischen Theorie geschult werden, um sich überhaupt etwas unter dem Begriff Systemik vorstellen zu können. Erst dann ist es möglich, dass diese sich darauf einlassen und – über ihre notwendige Selbstreflexion – beginnen, in systemisch orientierten Kategorien zu denken und zu handeln. Alleine diese ersten Schritte sind sehr langwierig, denn sie berühren die persönliche Ebene der Führungskräfte, ihr eingeübtes Verhalten und ihr eigenes Bild von der betrieblichen Realität. Die rein sachbezogene Ebene in der Kommunikation und in der Interaktion ist zu ergänzen um die gefühlsmäßige Ebene der Empathie den Mitarbeitern gegenüber. Schwierig wird es dabei für viele, sich Fehler einzugestehen und die Bereitschaft bei Führungskräften zu entwickeln, dass Problemlösungen auch von den untergebenen Mitarbeitern kommen können. Nicht alles muss bis ins letzte Detail geregelt werden, will man langfristig das Ziel einer lernenden Organisation erreichen, bei der ein systemisches Bewerbermanagement ein Baustein sein kann.[153] Alle oben genannten Faktoren beeinflussen die unterschiedlich ablaufenden Kommunikationen und Interaktionen im sozialen System Unternehmung, mit denen das System sein Überleben sichert. Aus Erfahrung der Autorin ist es gerade für Führungskräfte aus dem technischen Bereich wie Ingenieure oder Produktionsleiter sehr schwierig, die übliche Denkweise im Ursache-Wirkungs-Schema abzulegen. Allerdings sind diese einfachen linearen Problemlösungsansätze der trivialen Maschinen auch bei Finanzwirtschaftlern sehr verbreitet. Wie bereits öfters erwähnt, ist es schwierig, bestimmte eingefahrene Denkschemata zu verlassen und die alte Brille dieser eingesessenen Vorstellungen abzunehmen. Um bestimmte betriebliche Herausforderungen in neuen Situationen meistern und um zu zielgerichteten Ergebnissen kommen zu können, ist es erforderlich, dass man diese aus den unterschiedlichsten Perspektiven betrachtet und auf diese Weise zu neuen, auch ungewöhnlichen Lösungen gelangen kann.[154] Allerdings wird es dauern, bis diese neuen Denkmuster

---

[153] vgl. Arnold, 2015a, S. 75ff.
[154] vgl. Elbe, 2014, S: 39ff.

wirklich auch unbewusst gehandhabt werden und in den betrieblichen Alltag Einzug halten. Außerdem ist zu bedenken, dass erste Ansätze eines systemischen Bewerbermanagements in besonderem Maße von der systemischen Haltung abhängen, welche die Führungskraft in das Team überträgt.[155] Denn nach der Auswahl eines Bewerbers und seinem Arbeitsantritt beginnt die eigentliche systemische Arbeit und erst hier zeigt sich, ob sich die umfangreiche gesamte Vorarbeit auch wirklich gelohnt hat. Denn der neue Mitarbeiter muss sich in dem neuen Unternehmen, dem neuen Team und vor allem den dort geltenden Strukturen, Normen und Kulturen zurechtfinden und einfügen, um nicht direkt von Beginn an wieder ausgegrenzt zu werden, was weitere kostenintensive Maßnahmen wie z. B. systemische Personalgespräche erforderlich macht. Diese sind zu vermeiden und produzieren nur zusätzliche Kosten. Aber auch die Gruppe muss sich in ihrem Verhalten auf den neuen Mitarbeiter einstellen, ablaufende Kommunikationen werden sich verändern, Einstellungen, besonders die persönlichen, werden nachhaltig beeinflusst und sind anzupassen. Auch die Gruppe muss sich folglich dem Neuen öffnen und bereit sein für Veränderungen.

Sollten alle diese kleinen Schritte, die vorab nötig sind, erfolgreich umgesetzt worden sein, bedarf es auf der anderen Seite auch des Vertrauens auf Seiten der Bewerber. Diese sind in der Regel das klassische Bewerbungsverfahren gewöhnt und es könnte den Bewerber irritieren und der Eindruck entstehen, dass das Unternehmen vermeintlich nicht mal die Standards des gängigen Bewerbermanagements kennt. Hier muss vorab Aufklärung geschaffen werden, damit auch die Bewerber den Sinn dieser Wandlung verstehen. Doch ganz gleich, wie schwierig es ist, ein systemisches Bewerbermanagement einzuführen, es trifft in jedem Fall das Zitat von Nelson Mandela in diesem Zusammenhang sehr gut zu: „I never lose, I either win or learn". Die positiven Dinge, die durch die Einführung des systemischen Bewerbermanagements entstehen werden, tragen dazu bei, Menschen und hier insbesondere neue

---

[155] vgl. Elbe, 2014, S: 51ff.

---

und potentielle Mitarbeiter bzw. ihr Verhalten besser zu verstehen. Mit dem besseren Verständnis des Bewerbers für die neue Stelle, kann das Ziel erreicht werden, den richtigen Mitarbeiter zur richtigen Zeit für die richtige Stelle zur Verfügung zu haben. Dies ist in den Zeiten des „war of talents" und Fachkräftemangels von essentieller Bedeutung. Dabei ist noch einmal zu betonen: Langfristig hat sich in jedem Fall etwas am bestehenden Bewerberprozess, wie er heute teilweise schematisch und mit Blick auf die Qualifikationen in der Regel abläuft, zu ändern. Man muss den potentiellen Mitarbeitern zeigen, dass es um sie als Person geht. Man vermeidet damit den faden Beigeschmack für Bewerber, seine Arbeitskraft sei austauschbar und ersetzbar, da sie theoretisch jeder erbringen kann. Bei diesen rein auf Ursache-Wirkungs-Zusammenhänge beruhenden Entscheidungen fehlt der empathische Blick auf den Menschen hinter der Person des Bewerbers und seinen Kompetenzen.[156] Somit sieht die Verfasserin die Einführung von Aspekten eines systemischen Bewerbermanagements vielmehr als erste Schritte in Richtung eines systemisch orientierten Unternehmens mit dem Ziel einer lernenden Organisation. Denn durch die Veränderung des Bewerbungsprozesses lassen sich auch zukünftig die Personalentwicklungen und Teambildungsmaßnahmen effizienter und zielgerichteter gestalten bzw. kommt dem Faktor Mensch im Unternehmen eine hervorgehobene Bedeutung zu, weg vom Image des reinen Kostenverursachers, den man bei Bedarf auswechseln kann, hin zu einem wichtigen Kompetenzträger, der kreativ und selbstständig Problemlösungen entwickelt. Wie es Gunnar Dachroth bereits im September 2014 auf dem Kongress Personalentwicklung 4.0 so treffend formuliert hat: „Der Mitarbeiter ist die wichtigste Ressource im Unternehmen. Noch sehr unterschätzt, wird es in einigen Jahren diese Ressource sein, die zeigt, welches Unternehmen auf Dauer überlebensfähig sein wird."

---

[156] vgl. Meifert, Enaux, & Henrich, 2011, S. 175ff.

Literaturverzeichnis

Achouri, C. (2007). *Recruiting und Placement - Methoden und Instrumente der Personalauswahl und -platzierung.* Wiesbaden: GWV Fachverlage GmbH.

Arnold, R. (2012). *Die Systemik der Fremd- und Selbststeuerung des Lernens. Studienbrief SB0320 im Rahmen des Fernstudiengangs Systemische Beratung.* TU Kaiserslautern.

Arnold, R. (2014). *Personalentwicklung - Eine Grundlegung. Studienbrief SB - 1C10 im Rahmen des Fernstudiengangs Systemische Beratung.* TU Kaiserslautern.

Arnold, R. (2015a). *Systemische Führung. Studienbrief SB0530 im Rahmen des Fernstudiengangs Systemische Beratung, 2. Auflage.* TU Kaiserslautern.

Arnold, R. (2015b). *Kollegiale Beratung und Supervision. Studienbrief SB0620 im Rahmen des Fernstudiengangs Systemische Beratung, 2. Auflage.* TU Kaiserslautern.

Balz, H.-J., & Plöger, P. (2015). *Systemisches Karrierecoaching - Berufsbiografien neu gedacht.* Göttingen: Vandenhoeck & Ruprecht GmbH & Co. KG.

BBC News. (18. 01 2017). *BBC News.* Abgerufen am 29. 11 2017 von http://www.bbc.com/news/uk-england-devon-38657674

Beilfuß, C. (2015). *Ein Himmel voller Fragen - Systemische Interviews, die glücklich machen.* Heidelberg: Carl-Auer-Systeme Verlag und Verlagsbuchhandlung GmbH.

Betriebsrat Staehle GmbH & Co. KG, Schalla, A.-C., & Berger, O. (2014). *BV "Formales Verhalten zwischen GL & BR" - Abschnitt 3 "Einstellungen".* Schifferstadt.

Biedenbach, W. (2012). *Anders denken, handeln, zusammenarbeiten - Auf neuen Wegen in die Arbeitswelt der Zukunft.* Freiburg: Haufe-Lexware GmbH & Co. KG.

Bode, O. (2014). *Personalmanagement in Kultur- und Non-Profit-Organisationen. Studienbrief SB-1A20 im Rahmen des Fernstudiengangs Systemische Beratung, 2. Auflage.* TU Kaiserslautern.

Brandes, U., Gemmer, P., Koschek, H., & Schültken, L. (2014). *Management Y - Agile, Scrum, Design Thinking & Co: So gelingt der Wandel zur attraktiven und zukunftsfähigen Organisation.* Frankfurt am Main: Campus Verlag GmbH.

Bröckermann, R. (2007). *Personalwirtschaft - Lehr- und Übungsbuch für Human Resource Management, 4. Auflage.* Stuttgart: Schäffer-Poeschel Verlag.

Buckmann, J. (2017). *Einstellungssache: Personalgewinnung mit Frechmut und Können - Frische Ideen für Personalmarketing und Employer Branding, 2. Auflage.* Wiesbaden: Springer Fachmedien.

Bundesministerium der Justiz. (kein Datum). *Betriebsverfassungsgesetz § 99 Mitbestimmung bei personellen Einzelmaßnahmen.* Abgerufen am 30. 08 2017 von Gesetze im Internet: https://www.gesetze-im-internet.de/betrvg/__99.html

Dincher, R., & Mosters, M. (2011). *Personalauswahl und Personalbindung - 2. Auflage.* Neuhofen: Forschungsstelle für Betriebsführung und Personalmanagement e.V.

Eckelt, W. (2017). *Kandidaten lesen - Mit dem Headhunter-Schlüssel zur treffsicheren Personalauswahl, 2. Auflage.* Wiesbaden: Springer Fachmedien.

Eilert, D. (2013). *Mimikresonanz - Gefühle sehen. Menschen Verstehen.* Paderborn: Junfermann Verlag.

Ekman, P. (2010). *Gefühle lesen - Wie Sie Emotionen erkennen und richtig interpretieren, 2. Auflage.* Heidelberg: Spektrum Akademischer Verlag.

Elbe, M. (2014). *Spezielle Methoden der Organisationsberatung. Studienbrief SB0730 im Rahmen des Fernstudiengangs Systemische Beratung, 2. Auflage.* TU Kaiserslautern.

Erpenbeck, J., & Sauter, W. (2015). *Kompetenzen: Erfassen, Bilanzieren und Entwickeln. Studienbrief SB0820 im Rahmen des Fernstudiengangs Systemische Beratung.* TU Kaiserslautern.

Fitting, K., Auffarth, F., Kaiser, H., Heither, F., Engels, G., Schmidt, I., et al. (2016). *Betriebsverfassungsgesetz mit Wahlordnung - Handkommentar 28. Auflage.* München: Verlag Franz Vahlen GmbH.

Gay, F. (2012). *Das persolog Persönlichkeitsprofil - Persönliche Stärke ist kein Zufall, 40. Auflage.* Remchingen: Gabal Verlag.

Griese, C., & Pataki, K. (2012). *Vergleich mit anderen Beratungsansätzen. Studienbrief SB0220 im Rahmen des Fernstudiengangs Systemische Beratung.* TU Kaiserslautern.

Grote, S., Erhard, U., & Lauer, L. (2014). *Ansätze organisationalen Lernens. Studienbrief SB0920 im Rahmen des Fernstudiengangs Systemische Beratung, 2. Auflage.* TU Kaiserslautern.

Höhn, G. (2016). *Formen von Organisationen und ihre Besonderheiten. Studienbrief SB0720 im Rahmen des Fernstudiengangs Systemische Beratung, 2. Auflage.* TU Kaiserslautern.

Hug, T., Perger, J., & Sexl, M. (2011). *Medien, Wissen, Kommunikation. Studienbrief SB-1A10 im Rahmen des Fernstudiengangs Systemische Beratung, 3. Auflage.* TU Kaiserslautern.

Hülsmann, S. (24. 04 2017). *Zeitraum Systemische Beratung*. Abgerufen am 03. 09 2017 von Grundgedanken der Systemischen Beratung: http://www.zeitraum-systemischeberatung.de/Zeit-Raum/Grundgedanke.html

Institut für Arbeitsmarkt- und Berufsforschung. (2016). *IAB-Stellenerhebung - Aktuelle Ergebnisse*. Abgerufen am 29. 07 2017 von http://www.iab.de/de/befragungen/stellenangebot/aktuelle-ergebnisse.aspx

Kindl-Beilfuß, C. (2012). *Einladung ins Wunderland - Systemische Feedback- und Interventionstechniken*. Heidelberg: Carl-Auer-Systeme Verlag und Verlagsbuchhandlung GmbH.

Kindl-Beilfuß, C. (2015). *Fragen können wie Küsse schmecken - Systemische Fragetechniken für Anfänger und Fortgeschrittene, 6. Auflage*. Heidelberg: Carl-Auer-Systeme Verlag und Verlagsbuchhandlung GmbH.

Knigge, A. (2014). *Über den Umgang mit Menschen*. Stuttgart: Reclam GmbH & CO. KG.

Knoblauch, J., & Kurz, J. (2007). *Die besten Mitarbeiter finden und halten - Die ABC-Strategie nutzen*. Frankfurt am Main: Campus Verlag GmbH.

Kolbeck, C., & Rabbe, S. (2013). *Organisations- und Unternehmensberatung. Studienbrief SB0710 im Rahmen des Fernstudiengangs Systemische Beratung, 2. Auflage*. TU Kaiserslautern.

Kossack, P. (2016). *Bildungsberatung: Felder, Modelle, Finanzierung. Studienbrief SB0810 im Rahmen des Fernstudiengangs Systemische Beratung*. TU Kaiserslautern.

Kotter, J., & Rathgeber, H. (2006). *Das Pinguin-Prinzip - Wie Veränderung zum Erfolg führt*. München: Droemer Verlag GmbH & Co. KG.

Krämer-Stürzl, A. (2016). *Aktuelle Entwicklungen in der Personalentwicklung. Studienbrief SB-1C20 im Rahmen des Fernstudiengangs Systemische Beratung, 5. Auflage.* TU Kaiserslautern.

Krizanits, J. (2013). *Systemische Fragetechniken, Hypothesenbildung, Intervention, Designtechnik. Studienbrief SB0410 im Rahmen des Fernstudiengangs Systemische Beratung.* TU Kaiserslautern.

Krizantis, J. (2014). *Ablauf von Beratung. Studienbrief SB0210 im Rahmen des Fernstudienganges Systemische Beratung, 2. Auflage.* TU Kaiserslautern.

Krusche, B. (2013). *Führungsstile und ihre systemischen Wirkungen. Studienbrief SB0520 im Rahmen des Fernstudiengangs Systemische Beratung.* TU Kaiserslautern.

Kutz, A. (2016). *Toxische Kommunikation als Krankheitsursache in Unternehmen - das Double Bind-Phänomen - eine Einführung für Führungskräfte, Berater und Coaches.* Wiesbaden: Springer Fachmedien.

Lorenz, M., & Rohrschneider, U. (2007). *Praxishandbuch für Personalreferenten.* Frankfurt / Main: Campus Verlag GmbH.

Meifert, M., Enaux, C., & Henrich, F. (2011). *Strategisches Talent-Management - Talente systematisch finden, entwickeln und binden.* Freiburg: Haufe-Lexware GmbH & Co. KG.

meine Bank vor Ort. (09. 06 2013). *meine Bank vor Ort.* Abgerufen am 16. 12 2017 von meine Bank vor Ort: https://meine-bank-vor-ort.de/arbeiten-im-rentenalter-lohnt-sich-das/

Meyer, W. (2013). *Evaluation und Qualitätssicherung. Studienbrief SB0610 im Rahmen des Fernstudiengangs Systemische Beratung.* TU Kaiserslautern.

Müllerschön, A. (2012). *Bewerber professionell auswählen - Handbuch für Personalverantwortliche, 2. Auflage.* Weinheim und Basel: Beltz Verlag.

Navarro, J., & Karlins, M. (2011). *Menschen lesen, 3. Auflage.* München: mvg Verlag.

Navarro, J., & Poynter, T. (2015). *Menschen verstehen und lenken, 6. Auflage.* München: mvg Verlag.

Patrzek, A. (2017). *Systemisches Fragen - Professionelle Fragetechnik für Führungskräfte, Berater und Coaches, 2. Auflage.* Wiesbaden: Springer Fachmedien.

PfalzMetall. (16. 02 2008). *PfalzMetall - Verband der Pfälzischen Metall- und Elektroindustrie e.V.* Abgerufen am 12. 08 2017 von http://www.pfalzmetall.de/verband.html

Pötsch, O., & Dr. Rößger, F. (2015). *Bevölkerung Deutschlands bis 2060 - 13. koordinierte Bevölkerungsvorausberechnung.* Wiesbaden: Statistisches Bundesamt.

Radler, M. (2009). *Leitfaden zur Vorbereitung, Durchführung und Nachbereitung von Einstellungsgesprächen.* Norderstedt: Books on Demand.

Riedel, T. (2015). *Internationale Personalauswahl - Wie wir die Richtigen erkennen, auch wenn sie anders sind als wir.* Göttingen: Vandenhoeck & Ruprecht GmbH & Co. KG.

Schuhen, M. (2008). *Führungskräftenachwuchs mit System - Planung und Gestaltung einer Lernumgebung für Trainee-Programme.* Marburg: Tectum Verlag.

Simon, F. (2015b). *Soziale Systeme. Studienbrief SB0110 im Rahmen des Fernstudiengangs Systemische Beratung, 2. Auflage.* TU Kaiserslautern.

Simon, F. (2015c). *Systemtypen und -differenzierung. Studienbrief SB0120 im Rahmen des Fernstudiengangs Systemische Beratung, 2. Auflage.* TU Kaiserslautern.

Simon, F. B. (2015a). *Systemisches Denken und Handeln. Studienbrief SB0310 im Rahmen des Fernstudiengangs Systemische Beratung, 4. Auflage.* TU Kaiserslautern.

Statistisches Bundesamt. (2016-2017). *Erwerbstätigkeit auf einen Blick.* Abgerufen am 29. 07 2017 von https://www.destatis.de/DE/ZahlenFakten/GesamtwirtschaftUmwelt/Arbeitsmarkt/Erwerbstaetigkeit/Erwerbstaetigkeit.html;jsessionid=C07DEA05D002DFBB9089B2C8C279DB28.cae3#Tabellen

Thom, N., & Zaugg, R. (2008). *Moderne Personalentwicklung - Mitarbeiterpotenziale erkennen, entwickeln und fördern, 3. Auflage.* Wiesbaden: Gabler GWV Fachverlage GmbH.

Von Schlippe, A., & Schweitzer, J. (2014). *Methoden der Intervention in sozialen Systemen. Studienbrief SB0420 im Rahmen des Fernstudiengangs Systemische Beratung, 3. Auflage.* TU Kaiserslautern.

Willke, H. (2015). *(Un)Möglichkeit der Intervention. Studienbrief SB0510 im Rahmen des Fernstudiengangs Systemische Beratung, 5. Auflage.* TU Kaiserslautern.

Wimmer, R., Gebauer, A., & Schumacher, T. (2014). *Strategieentwicklung, Lernen und Wissensmanagement in Organisationen. Studienbrief SB0910 im Rahmen des Fernstudiengangs Systemische Beratung, 3. Auflage.* TU Kaiserslautern.

Wiswede, G. (2007). *Einführung in die Wirtschaftspsychologie, 4. Auflage.* München: Ernst Reinhardt Verlag GmbH & Co. KG.

Anhang

09.04.2009

Autowerkstatt Hupken
Mitteländer Straße 3

30111 Berlin

Bewerbung

Ich möchte gerne bei Ihnen als Kraftfahrzeugmeister arbeiten. Ich habe schon bei der Firma Jannsen gearbeitet. Meine Papiere sind vollständig, die kann ich Ihnen schicken. Die firma Jannsen war sehr zufrieden mit mir. Ich kann vor allem gut lackieren.
Über meinen Verdienst können wir reden.

Freundliche Grüße,

Jan Meister

Jan Meister

Abb. 3: Ernüchterndes Anschreiben

19.06.2009

Norman Filmverleih und Produktion GmbH
Alte Ziegelei 14

30111 Berlin

Bewerbung

Sehr geehrter Herr Mailänder,

mit sehr großem Interesse habe ich Ihren Internetauftritt gesehen. Es fasziniert mich, welche vielfältigen Aufgaben Ihr Unternehmen als „Sprachrohr" zwischen den Kulturen bereithält.
Neue Regisseure, kulturspezifische Geschichten und unbekannte Anschauungen aufzuspüren und dem interessierten Publikum im Kino näher zu bringen ist eine herausfordernde und sehr spannende Aufgabe. Andersartige Sichtweisen und Themen – filmisch dargestellt - durfte ich schon während meines Studiums der Medienwissenschaften kennen lernen.
So habe ich beispielsweise bei Cineopolis, einem Kulturkino, als Filmvorführerin eigenständig Filmreihen erstellt, die uns von jungen Regisseuren angeboten wurden. Im Rahmen meines siebenmonatigen Praktikums bei einem Filmproduzenten in Hollywood durfte ich die gesamte Palette der Filmerstellung kennen lernen und selbstständig Aufgaben wie das Anweisen der Schauspieler übernehmen. Tätigkeiten wie die Auswahl geeigneter Filme, die Programmgestaltung und das Sponsorenmanagement sind nur ein Teil der Aufgaben, bei denen ich fundierte Erfahrungen im Bereich des Hollywood-spezifischen Genres und dessen Marketing sammeln konnte.

Im Bereich der Presse- und Öffentlichkeitsarbeit habe ich mir bereits als Volontärin bei den internationalen Kurzfilmtagen in Mailand sowie der Oskarverleihung gute Kenntnisse angeeignet. Hier bot man mir die Möglichkeit, enorm selbstständig tätig zu sein. So konnte ich beispielsweise druckreife Beiträge für den Festivalkatalog zusammenstellen, das komplette Management für die Fachreferenten übernehmen, die Moderation der Veranstaltung durchführen, die eingeladenen Regisseure betreuen und vieles mehr.

Aufgrund meiner Referenzen wurde ich für ein erneutes Volontariat in Mailand, das im Mai 2009 stattfinden wird, eingeladen. Hier bot man mir die Möglichkeit, die Leitung des Regisseurnachwuchswettbewerbes zu übernehmen und in diesem Rahmen zusammen mit von mir betreuten Praktikanten ein Sonderprogramm zum Thema Schulentwicklung in Thailand zusammen zu stellen. Diese Aufgaben sind sehr interessant für mich, jedoch möchte ich gerne eine langfristige Perspektive für meine berufliche Zukunft erreichen. Mein Wunsch, fern des Mainstream-Filmes kulturpolitisch zu arbeiten und den Film als eigenständige „Kunstform" dem Publikum nahe zu bringen – zusammen mit der Möglichkeit, ein Bewusstsein für andere Kulturen und fremde Lebensformen zu wecken, spiegelt sich eins zu eins in Ihren Tätigkeiten wider. So würde ich unglaublich gerne die Chance wahrnehmen, in Ihrem Unternehmen gemeinsam mit Ihnen den Blick in die Welt zu wagen.

Ich grüße Sie freundlich,

Eliane Münster

Eliane Münster

Abb. 4: Gutes Anschreiben

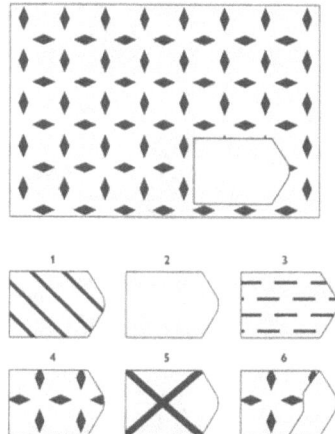

Abb. 5: Raven's Standard Progressive Matrices

Jahrgang	Renteneintrittsalter für „Rente 63"	Normales Renteneintrittsalter
1951	63 Jahre	65 Jahre und 5 Monate
1952	63 Jahre	65 Jahre und 6 Monate
1953	63 Jahre und 2 Monate	65 Jahre und 7 Monate
1954	63 Jahre und 4 Monate	65 Jahre und 8 Monate
1955	63 Jahre und 6 Monate	65 Jahre und 9 Monate
1956	63 Jahre und 8 Monate	65 Jahre und 10 Monate
1957	63 Jahre und 10 Monate	65 Jahre und 11 Monate
1958	64 Jahre	66 Jahre
1959	64 Jahre und 2 Monate	66 Jahre und 2 Monate
1960	64 Jahre und 4 Monate	66 Jahre und 4 Monate
1961	64 Jahre und 6 Monate	66 Jahre und 6 Monate
1962	64 Jahre und 8 Monate	66 Jahre und 8 Monate
1963	64 Jahre und 10 Monate	66 Jahre und 10 Monate
1964 und jünger	65 Jahre	67 Jahre

Abb. 6: Renteneintrittsalter

Abb. 20: Kompetenzatlas (©Heyse, V., Erpenbeck, J. (2009))

Abb. 7: PAFS-Kompetenz-Methode

Abb. 8: Containerdenken MS Napoli

Abb. 9: Containerdenken MS Napoli - Container öffnen

ERA Anlage 1b - Punktbewertungsbogen zur Bewertung von Arbeitsaufgaben

Arbeitsaufgabe:		Nr. der Arbeits- aufgabe:
Abteilung/Kostenstelle:	Datum:	Bearbeiter:

Anford.- merkmale			Bewertungsstufen für die Arbeitsaufgabe	Punkt- wert
Können[*]	**Arbeitskenntnisse**	1	Arbeitsaufgaben mit einem Können, das durch ein **Anlernen von bis zu 1 Woche** erworben wird.	6
		2	Arbeitsaufgaben mit einem Können, das durch ein **Anlernen von weniger als 4 Wochen** erworben wird.	12
		3	Arbeitsaufgaben mit einem Können, das durch ein **Anlernen ab 4 Wochen** erworben wird.	18
		4	Arbeitsaufgaben mit einem Können, das durch ein **Anlernen ab 3 Monaten** erworben wird.	25
		5	Arbeitsaufgaben mit einem Können, das durch ein **Anlernen ab 6 Monaten** erworben wird.	32
		6	Arbeitsaufgaben mit einem Können, das durch ein **Anlernen ab 1 Jahr** erworben wird.	40
	Fachkenntnisse	7	Arbeitsaufgaben mit einem Können, das i.d.R. durch eine **abgeschlossene Ausbildung in einem anerkann- ten Ausbildungsberuf von mindestens 2jähriger Regelausbildungsdauer** erworben wird.	48
		8	Arbeitsaufgaben mit einem Können, das i.d.R. durch eine **abgeschlossene Ausbildung in einem anerkann- ten Ausbildungsberuf von mindestens 3jähriger Regelausbildungsdauer** erworben wird.	58
		9	Arbeitsaufgaben mit einem Können, das i.d.R. durch eine **abgeschlossene Ausbildung in einem anerkann- ten Ausbildungsberuf und durch eine zusätzliche anerkannte 1jährige Fachausbildung** erworben wird.	69
		10	Arbeitsaufgaben mit einem Können, das i.d.R. durch eine **abgeschlossene Ausbildung in einem anerkann- ten Ausbildungsberuf und durch eine zusätzliche anerkannte 2jährige Fachausbildung** erworben wird.	81
		11	Arbeitsaufgaben mit einem Können, das i.d.R. durch eine **abgeschlossene Fachhochschulausbildung** er- worben wird.	94
		12	Arbeitsaufgaben mit einem Können, das i.d.R. durch eine **abgeschlossene Universitätsausbildung** erworben wird.	108
	Berufs- erfahrg.	1	Arbeitsaufgaben, die zusätzlich zu den Fachkenntnissen **Berufserfahrungen von mindestens 1 Jahr bis zu 3 Jahren** erfordern.	6
		2	Arbeitsaufgaben, die zusätzlich zu den Fachkenntnissen **Berufserfahrungen von mehr als 3 Jahren** erfordern	12
Handlungs- und Ent- scheidungs- spielraum[*]		1	Die Erfüllung der Arbeitsaufgaben ist **im Einzelnen vorgegeben.**	2
		2	Die Erfüllung der Arbeitsaufgaben ist **weitgehend vorgegeben.**	10
		3	Die Erfüllung der Arbeitsaufgaben ist **teilweise vorgegeben.**	18
		4	Die Erfüllung der Arbeitsaufgaben erfolgt **überwiegend ohne Vorgaben weitgehend selbstständig.**	30
		5	Die Erfüllung der Arbeitsaufgaben erfolgt **weitgehend ohne Vorgaben selbstständig.**	40
Kooperation		1	Die Erfüllung der Arbeitsaufgaben erfordert **kaum Kommunikation und Zusammenarbeit.**	2
		2	Die Erfüllung der Arbeitsaufgaben erfordert **regelmäßige Kommunikation und Zusammenarbeit.**	4
		3	Die Erfüllung der Arbeitsaufgaben erfordert **regelmäßige Kommunikation und Zusammenarbeit sowie gelegentliche Abstimmung.**	10
		4	Die Erfüllung der Arbeitsaufgaben erfordert **regelmäßige Kommunikation, Zusammenarbeit und Abstim- mung.**	15
		5	Die Erfüllung der Arbeitsaufgaben erfordert **in hohem Maße Kommunikation, Zusammenarbeit und Ab- stimmung.**	20
Mitarbeiter- führung		1	Die Erfüllung der Arbeitsaufgaben erfordert **kein Führen.**	0
		2	Die Erfüllung der Arbeitsaufgaben erfordert, **Beschäftigte fachlich anzuweisen, anzuleiten und zu unter- stützen.**	5
		3	Die Erfüllung der Arbeitsaufgaben erfordert, **Beschäftigte zur Zielerreichung zweckmäßig einzusetzen, zu unterstützen, zu fördern und zu motivieren.**	10
		4	Die Erfüllung der Arbeitsaufgaben erfordert, **Ziele zu entwickeln und die Beschäftigten zweckmäßig zur Zielerreichung einzusetzen, zu unterstützen, zu fördern und zu motivieren.**	20
Gesamtpunktsumme				

1) Die Arbeits-/Fachkenntnisse, Fähigkeiten und Fertigkeiten können auch auf anderem Wege erworben worden sein.
   Die Arbeitskenntnisse können entweder durch zusammenhängende Anlernzeiten oder durch zeitlich getrenntes, aufeinander aufbauendes Anlernen erworben
   worden sein. Im zweiten Fall ergibt sich die Dauer aus der Summe der aufeinander aufbauenden Anlernzeiten.
2) Unter Vorgaben im Sinne des Handlungs- und Entscheidungsspielraumes sind Anweisungen und Richtlinien zu verstehen. Üblicherweise schränken Anweisungen
   den Handlungs- und Entscheidungsspielraum stärker ein als Richtlinien.
   Anweisungen legen fest, wie die Arbeitsaufgabe im Einzelnen auszuführen ist.
   Richtlinien bestimmen, was bei der Erfüllung der Arbeitsaufgabe im Allgemeinen zu beachten ist.

Entgeltgruppe	1	2	3	4	5	6	7	8	9	10	11	12	13	14
Punktspanne	10-15	16-21	22-28	29-35	36-43	44-54	55-68	69-77	78-88	89-101	102-112	113-128	129-142	143-170

Abb. 10: Punktevergabesystem ERA-Entgeltabkommen PfalzMetall

name:
salary requirement:
availability:

criteria	grade A	grade B	grade C	grade D	grade E	weighting	comments
appearance						5%	
occur						6%	
education						5%	
further education						5%	
work history						8%	
industry knowledge						8%	
English skills						12%	
other language skills						2%	
EDV knowledge						8%	
assertiveness						5%	
team spirit							
initiative							
communication skills							
sense of responsibility							
resilience							
critical faculties & conflict ability							
					sum:		

gained points Ø
maximum attainable test score Ø

Abb. 11: Bewertungsbogen EMERSON - ASCO Numatics

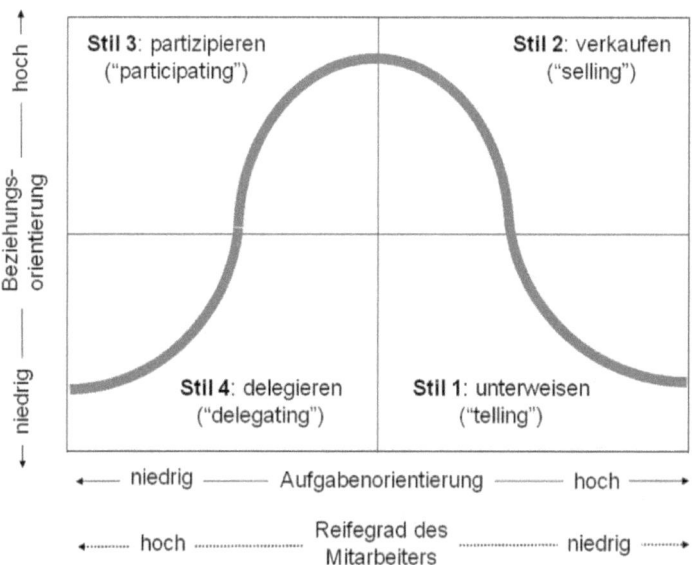

Abb. 12: Situatives Führen

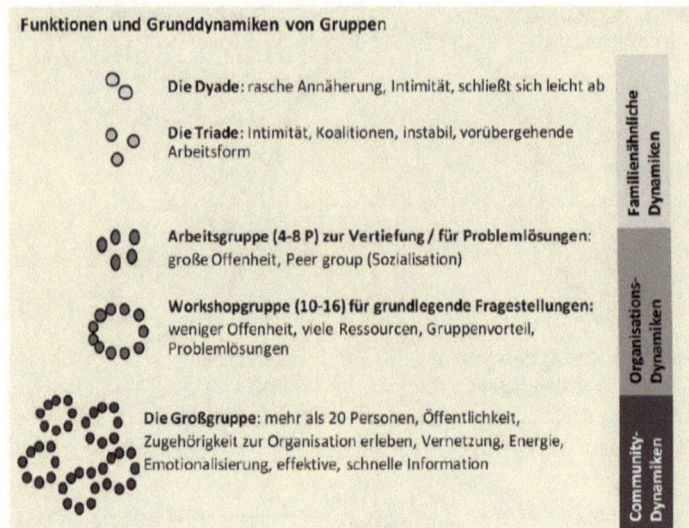

Funktionen und Grunddynamiken von Gruppen. Quelle: Autorin J. K. nach Königswieser/Exner 2001, S. 32–34

Abb. 13: Gruppenfunktionen & Gruppendynamiken

Zeitfracht Medien GmbH
Ferdinand-Jühlke-Straße 7
99095 Erfurt, Deutschland
produktsicherheit@kolibri360.de